Ihr Gartenzwerg hat mich beleidigt!

Den Frisc

Arndt und Nicole

gewidmet

Patrick

Dessau, 04.07.2003

„Ihr Gartenzwerg hat mich beleidigt!"

Die verrücktesten Klagen der Welt

Falk van Helsing

Eichborn.

1 2 3 4 05 04 03

Lektorat: Judith Schneider
Redaktion: Rechtsanwalt Oliver Oehler
Umschlaggestaltung: Katja Mihajović
Layout: Tania Poppe
Gesamtherstellung: Fuldaer Verlagsagentur, Fulda
ISBN 3-8218-3611-3

Verlagsverzeichnis schickt gern:
Eichborn Verlag, Kaiserstraße 66, 60329 Frankfurt
www.eichborn.de

Inhaltsverzeichnis

Vorwort

Haben Sie schon mal Kaffee verschüttet? Wahrscheinlich haben Sie sich über Ihr Missgeschick geärgert. Aber statt sich zu ärgern, hätten Sie besser jemanden verklagen sollen. Für verschüttete Braunbrühe gibt es bis zu 2,9 Millionen! Schussligkeit kann Sie reich machen!

Schnell reich werden ohne dafür zu arbeiten ist der klassische amerikanische Traum. Dieser kann auch für Sie wahr werden, wenn Sie entweder Lotto spielen oder einen großen Prozess gewinnen. Klagen sind sehr lukrativ! In den USA gibt es bereits für eine verschwundene Hundeleiche 1,2 Millionen Dollar Schadensersatz. Bei einem missglückten Selbstmordversuch können Sie sich auf eine Entschädigung von 9,9 Millionen Dollar freuen. Im Falle eines tödlichen Verkehrsunfalls können Ihre Erben mit 295 Millionen vom Autohersteller rechnen. Sollten Sie wider Erwarten durch das Rauchen Lungenkrebs bekommen, steht Ihnen eine Entschädigung vom Zigarettenhersteller in Höhe von 28 Milliarden zu. Während in den Vereinigten Staaten geradezu astronomische Schadensersatzsummen alltäglich sind, beginnt sich eine klägerfreundliche Rechtsprechung in Deutschland erst langsam durchzusetzen. Aber auch hier werden zunehmend Schmerzensgeldbeträge in sechsstelliger Höhe zugesprochen.

Jeder, der ein paar Euro Gerichtskostenvorschuss, Briefpapier und einen Stift hat, kann andere verklagen. Am Schluss des Buches erhalten Sie ein paar Tipps zum Verklagen jedermanns, damit auch Sie mitmachen können. Unter einem Pseudonym bin ich als Richter an einem deutschen Amtsgericht tätig. Wenn Sie nach der Lektüre dieses Buches ein wenig auf den Geschmack gekommen sind, würde ich mich freuen, Sie demnächst als Kläger in meinem Gerichtssaal begrüßen zu dürfen.

So idiotisch und bizarr die im Buch wiedergegebenen Klagen auch sein mögen, seien Sie nach dem Motto »Nichts ist verrückter als die Wirklichkeit« versichert, dass alle 100% wahr sind.

Viel Vergnügen!
Falk van Helsing
(FalkvanHelsing@aol.com)

1. Spaß mit großen Firmen

Die kuriosesten Markenparodien

Große Firmen sind nicht selten das Ziel von Scherzkeksen und Nachahmungstätern. Bei ausreichend vorhandener Kreativität lässt sich der gute Ruf bekannter Marken trefflich zur eigenen Umsatzsteigerung ausbeuten. Das lassen sich die betroffenen Firmen natürlich nicht gefallen und interessante Prozesse sind vorprogrammiert.

Kopulierende Kraniche

Eine Scherzartikelfirma hatte auf ihrem Lieferwagen einen Aufkleber mit der Bezeichnung »*Lusthansa*« angebracht. Der Aufkleber war – wie die Firmenfarben der Luftfahrtgesellschaft *Lufthansa* – orange und blau und mit fast gleichem Schriftzug versehen. Außerdem zeigte er zwei unanständig dicht übereinander fliegende Kraniche.

Die *Lufthansa* hat den Kläger aufgefordert, es zu unterlassen, den Aufkleber zu benutzen. Die Klage gegen dieses Unterlassungsbegehren hatte Erfolg.

Nach Auffassung des Landgerichts Wiesbaden gefährdet

der Aufkleber mit dem Flugverkehr der besonderen Art den guten Ruf der *Lufthansa* nicht. Hierzu müsste der Aufkleber geeignet sein, die *Lufthansa* mit sexuellen Beziehungen in Verbindung zu bringen bzw. sie einem »Bordell-Betrieb« gleichzusetzen. Die Verwendung des Wortes »Lust« in dem fraglichen Aufkleber allein bewirkt dies nicht. »Lust« ist für den verständigen Betrachter nicht nur eine sexuelle Empfindung. Schließlich bezeichnen auch »Lustgärten« keine Kopulationsstätten und »lustwandeln« keine sexuellen Annäherungsversuche. Die Assoziation zu »Lust« im Sinne von »Bordell-Betrieb« könnte allenfalls durch die gleichzeitige Abbildung zweier übereinander fliegender Kraniche kommen. Dies erschien dem Landgericht ausgeschlossen, da Geschlechtsverkehr zwischen fliegenden Vögeln der abgebildeten Art weder je beobachtet noch »technisch« – schon wegen des Gewichts – möglich ist. Sollte dem Betrachter dennoch der Gedanke an sexuelle Handlungen kommen, so hat er diese nicht der Darstellung auf dem Aufkleber, sondern seiner eigenen sexuellen Fantasie zuzuschreiben.

LG Wiesbaden, Urteil vom 06.08.1981,
Aktenzeichen 2 O 150/81; veröffentlicht in NJW 1982, S.649

So treffsicher, wie das LG Wiesbaden für den verständigen Betrachter eine gedankliche Verbindung zwischen Lufthansa und sexuellen Empfindungen verneint, bejaht das OLG München eine solche zwischen McDonald's und Katzenfutter:

MacDog – der Hamburger aus Hundefleisch

Eine Firma vertrieb Hunde- und Katzenfutter auf Fleischbasis unter der Bezeichnung »MAC Dog« und »MAC Cat«. Der Bulettenbrater McDonald's sah hierin eine Rufausbeutung und klagte mit Erfolg auf Unterlassung. Das Oberlandesgericht München bejahte eine Rufschädigung:

»Durch die englischen Gattungsbezeichnungen »Dog« und »Cat«, die ohne weiteres auch im Deutschen verstanden werden, wird bei Käufern die Assoziation geweckt zwischen dem Produkt der Klägerin und Hunde- bzw. Katzenfutter oder Hunde- bzw. Katzenfleisch. Dies ist imageschädlich, zumal die Klägerin aufgrund der nicht von allen Verbrauchern geschätzten Art ihres Hauptprodukts und seiner Herstellungs- und Vermarktungsweise zu Recht insoweit empfindlich ist und eine derartige Verbindung trotz weit verbreiteter Tierliebe und egal, ob scherzhaft oder ernsthaft gesehen, nicht zur Aufrechterhaltung eines guten Rufs beiträgt«.

Das Urteil bringt dem geneigten Fast-Food-Kunden gleich drei neue Erkenntnisse: McDonald´s hat tatsächlich einen guten Ruf, der geschädigt werden kann, ein Hamburger ist besser als Hunde- bzw. Katzenfutter und wird auch nicht aus Hunde- bzw. Katzenfleisch hergestellt. Guten Appetit!

OLG München, Urteil vom 21.09.1995,
Aktenzeichen 6 U 6218/94, veröffentlicht in MDR 1996, S.66

Es tut NIVEA als das erste Mal!

Die Firma Harlekin Geschenke handelt mit Geschenk- und Scherzartikeln. Sie brachte ein in Klarsichthülle verpacktes Kondom heraus, das einen runden Aufkleber in Form und Farbe der bekannten »NIVEA«-Dose trug. Auf blauem Grund stand in weißer Schrift geschrieben: »Es tut NIVEA als das erste Mal«.

Die Firma Beiersdorf, die seit 1905 die Hautcreme Nivea herstellt und vertreibt, fand das gar nicht lustig und klagte auf Unterlassung. Die Klägerin machte geltend, dass sie unter dem Namen »DUO« ebenfalls Kondome auf den Markt bringt, weshalb das Verhalten der Beklagten wettbewerbswidrig sei.

Harlekin wehrte sich tapfer, aber die Firma Beiersdorf siegte in allen drei Instanzen. Der Bundesgerichtshof fand, dass die von der Beklagten als Geschenkartikel angebotenen Kondome nur wegen des hohen Bekanntheitsgrades der verballhornten Marke eine Absatzchance hätten. Ein nicht unbeachtlicher Teil der Kunden würde annehmen, hier handele es sich um Erzeugnisse der Herstellerin von NIVEA.

Ob es wohl in Zukunft in Anlehnung an den Spruch »Es tut NIVEA als das erste Mal« eine Kombipackung bestehend aus Kondom, Nivea-Creme und Aspirin von der Firma Beiersdorf geben und diese dann womöglich von Harlekin mit einer Klage wegen Verstoß gegen Urheberrechte überzogen wird? Wir dürfen gespannt sein.

Urteil des Bundesgerichtshofs vom 19.10.1994, Aktenzeichen I ZR 130/92, veröffentlicht in GRUR 1995, S.57

2. Im Kerker gibt's viel Zeit zum Klagen

Die absurdesten Klagen von Strafgefangenen

Im Kittchen ist es langweilig, denn Strafe muß sein. Mancher Student der Knastologie und Gitterkunde versucht der Langeweile durch eine intensiv gepflegte Brieffreundschaft mit Gerichten zu entkommen, schließlich hat er gerade erst so richtig Bekanntschaft mit ihnen gemacht. In den USA werden jährlich 60.000 Klagen von Häftlingen erhoben. Über 90 Prozent dieser Klagen werden schlicht als schikanös bezeichnet und abgewiesen, darunter viel einfallsloses Zeug, aber auch etliche Highlights:

Der ferngesteuerte Knacki

Ein Häftling verübelte seinen Wärtern, dass sie ein »telepathisches Gedankenkontrolle-Gerät« in sein Gehirn implantiert haben. Er behauptete, die Aufseher seien in seine Zelle hereingekommen, hätten seinen Kopf aufgeschnitten und einen Gedankenkontrolle-Mikrochip hineingleiten lassen. Der Apparat erlaube es der Gefängnisleitung, jede seiner Handlungen zu kontrollieren. Irgendwie schaffte er es dann aber doch, nach seinem eigenen Willen zu handeln und verklagte 31 Gefängnismitarbeiter und einen Arzt, die angeblich an der Aktion selbst und ihrer Vertuschung beteiligt gewesen waren. Er verlangte 1 Million Dollar Schadensersatz und 10 Millionen Dollar Strafschadensersatz von jedem Beklagten.

Die Klage wurde abgewiesen. Nach Auffassung des Richters gehe die Implantation eines Gedankenkontrolle-Geräts im Schädelinneren weit über die derzeit verfügbare Technologie hinaus.

Percelay, Whiplash!, S. 27

Der funkgestörte Knastbruder

Ein Inhaftierter namens Ned Searight hat New Jersey auf zwölf Millionen Dollar Schadensersatz verklagt, weil er 1962 als Häftling zur Newark Augen-, Ohren- und Sprachklinik gebracht wurde. Dort, so klagte er an, habe der Staat eine Injektion mit einem Radium-Elektrostrahl in sein linkes Auge vorgenommen mit der Folge, dass jemand in seinem Gehirn mit ihm spreche.

Die Klage wurde wegen Verjährung abgewiesen, da sie erst 13 Jahre nach Ablauf der zweijährigen Verjährungsfrist erhoben worden ist. Der Richter Biunno hat es sich aber nicht nehmen lassen, dem Kläger die Unsinnigkeit seiner Klage vor Augen zu führen, die Juristen nennen das vornehm obiter dictum:

»Den Behauptungen liegen gewiss Tatsachen zu Grunde, die, würden sie existieren, der Menschheit noch unbekannt sind. Sogar Mr. Houdini hat es bisher nicht geschafft, eine Verbindung zur Geisterwelt herzustellen. Aber die Tatsachen wie vorgebracht und ihre Wahrheit unterstellt, stellen einen Fall des vermutlich unerlaubten Funkverkehrs dar, welcher in die alleinige Zuständigkeit des Bundesaufsichtsamts für Fernmeldewesen fällt. Und abgesehen davon hätte Searight die Übertragung zu der Antenne in seinem Gehirn einfach durch ihre Erdung blockieren können. Mit einer kurzen Kette von Papierstreifen, die hinten am Hosenbein befestigt den Boden berühren, hätte er jedermann davon abhalten können, in seinem Gehirn mit ihm zu sprechen.«

Ned Searight v. State of New Jersey, 412 F.Supp. 413 (D. New Jersey 1976)

Eingesperrt im Männerkörper und im Gefängnis

Ein Knast-Ehrenbürger hatte es satt, »grausam in einem Männerkörper eingesperrt zu sein«, und verklagte den Bundesstaat Iowa auf Durchführung einer Geschlechtsumwandlungsoperation. Thomas, der es vorzog »Tammy« genannt zu werden, saß eine 10-jährige Freiheitsstrafe wegen bewaffneten Raubüberfalls ab. Er begann seinen Geschlechtsumwandlungsfeldzug mit Schreiben an den Gefängnisdirektor, in denen er vorbrachte, er könne den emotionalen Stress nicht mehr aushalten. Der Penis müsse jetzt weg.

Der Gefängnisdirektor verweigerte dem Häftling die Erfüllung seines Wunsches und schrieb ihm zurück, dass die Gefängnisaufseher nicht verstehen, warum er Parfüm, Kosmetika und Frauenkleidung möchte, wenn er einen Schnurrbart trägt. Ein Schnurrbart betone seine Weiblichkeit nicht wirklich. Unbeeindruckt klagte der Knastologe für sein Recht auf Elektrolyse, Schönheitsoperation, Hormonbehandlung, Frauenkleidung und die Verlegung ins Frauengefängnis.

Die Klage wurde abgewiesen. Aufgrund des Schnurrbarts nahm das Gericht dem Kläger die Geschichte »von einer Frau gefangen im Männerkörper« nicht ab. Das Gericht war weiter der Auffassung, der Staat habe ein berechtigtes Interesse daran, keinen Mann mit Frauenbrüsten im Männergefängnis zu haben, obwohl die Mitgefangenen das vielleicht anders sehen. Und das dürfte wohl der ausschlaggebende Grund gewesen sein.

Long v. Nix, 86 F. 3d 761 (8th Cir. 1996)

Knete fürs Selbstverklagen

Ein Insasse des New Jersey Staatsgefängnisses reichte eine Klage über fünf Millionen Dollar gegen sich selbst ein. Er behauptete, er habe seine eigenen Grundrechte dadurch verletzt, dass er eine Straftat beging und verhaftet wurde. Allerdings sollte der Staat den Schadensersatz zahlen, weil er während seines Gefängnisaufenthalts kein Geld verdienen konnte. Er sagt: »Ich will mir fünf Millionen Dollar zahlen, aber bitte den Staat es für mich zu tun, weil ich nicht arbeiten kann und im Staatsgefängnis bin.«

Das Gericht fand, auch einem Verrückten steht für selbstschädigendes Verhalten kein Schadensersatz zu. Die Klage wurde als nicht ernst zu nehmend abgewiesen.

Oliver, DisOrder in the Court, S.27

Wo wohnt der Teufel?

In einem weiteren Beispiel für Vollzugsteilnehmer, die zuviel Zeit haben, hat sich Gerald Mayo, ein Insasse des Pennsylvania Staatsgefängnisses, ein Herz gefasst und Klage gegen *Satan und seine Mitarbeiter* eingereicht. Mayo wollte den Teufel wegen Verletzung seiner verfassungsmäßigen Rechte verklagen, weil Satan und seine Mitarbeiter ihm bei zahlreichen Gelegenheiten Not und Schrecken zugefügt, ihm Hindernisse in den Lebensweg gelegt sowie seinen Ruin verursacht hätten.

Das Gericht konnte vermeiden, es sich möglicherweise ausgerechnet mit dem Teufel zu verscherzen. Der Richter Weber schmetterte die Klage mit folgender Begründung ab: Erstens ist der Beklagte (Satan) kein Einwohner Pennsylvanias. Mangels Wohnsitzes im Gerichtsbezirk ist die örtliche Zuständigkeit zweifelhaft. Zweitens hat es der Kläger verabsäumt, mit der Klage eine zustellungsfähige Anschrift des Beklagten mitzuteilen.

United States ex rel. Gerald Mayo v. Satan and his Staff, 54 F.R.D. 282 (D. Pennsylvania 1971)

Der gute Ruf des Massenmörders

Randy Kraft wurde wegen sexueller Foltermorde an 16 Männern rechtskräftig zum Tode verurteilt. Er wartet in San Quentin auf seine Exekution. Ein früherer Reporter der Los Angeles Times schrieb über den Massenmörder ein Buch mit dem Titel »Angel of Darkness«. Daraufhin verklagte der Todeszellenkandidat den Autor und den Verlag auf 60 Millionen Dollar Schadensersatz. Er behauptete, er sei in allen 16 Fällen unschuldig. Deshalb sei die Beschreibung von ihm als Mörder nicht nur unwahr und irreführend, sondern verleumde seinen guten Namen. Er argumentierte weiter, das Buch stelle ihn als »kranken, verdrehten« Menschen dar. Dies werde es ihm schwer machen, nach der Haftentlassung wieder eine angemessene Arbeit zu finden.

Das Gericht brauchte exakt 46 Sekunden, um die Klage abzuschmettern. Der Autor und sein Verlag blieben allerdings auf 50.000 Dollar Anwaltskosten sitzen, die sie zu ihrer Verteidigung aufgewendet hatten.

In diesem Zusammenhang erlaube ich mir den nicht unbescheidenen Hinweis auf meinen Ratgeber »Staranwalt in 7 Tagen« (Eichborn 2001).

Benko, Buy this Book…or We'll Sue You!, S.99

Keine Gummipuppen im Justizschließfach

Ein israelischer Häftling hat die Gefängnisverwaltung wegen des Rechts, eine aufblasbare Sexpuppe in seiner Zelle zu haben, verklagt. Der israelische oberste Gerichtshof hat die Kla-

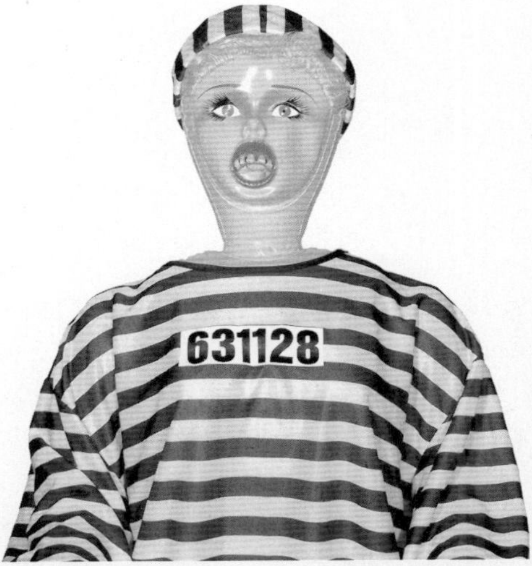

ge abgewiesen. Er ist den Argumenten der Gefängnisleitung gefolgt, die befürchtet hat, mit der Puppe könnten die Wärter für einen Ausbruchsversuch getäuscht oder Drogen darin versteckt werden. Schließlich könnte es auch zu Kämpfen zwischen den Insassen um die Liebespuppe kommen. Der Kläger, Amir Hazan, sagte dazu: »Ich bin im Gefängnis seit ich 14 Jahre alt bin. Wenn sie mich mit einer Frau zusammen sein lassen, würde ich den Wunsch nach einer Puppe aufgeben«. Er sitzt eine zehnjährige Gefängnisstrafe wegen Gewalttaten ab.

Reuter 2/96

Hotel mit Gitterblick statt Weißes Haus

John Gordon ist ein gewöhnlicher Krimineller, der während des Vorwahlkampfs für die Wahl des Präsidenten der Vereinigten Staaten von Amerika 1976 im Gefängnis saß. Selbstredend war er nach seiner Auffassung unschuldig inhaftiert. Er verklagte den Staatssekretär von New Jersey auf Durchführung von Neuwahlen. Er trug vor, dass die Präsidentschaftswahlen 1976 aufgrund seiner Inhaftierung betrügerisch waren und neue, gesetzmäßige Wahlen für das Amt des Präsidenten der Vereinigten Staaten durchgeführt werden müssen. In der Klage brachte Gordon vor: »Hätte es eine freie, gesetzmäßige Präsidentschaftswahl 1976 gegeben, würde John Gordon jetzt Präsident der Vereinigten Staaten sein«.

Die Klage wurde als frivol abgewiesen. Unnötigerweise erklärte der Richter auf zwei Urteilsseiten die Grundzüge des amerikanischen Wahlrechts, die kurz zusammengefasst darauf hinauslaufen, dass der Kandidat unabhängig von seinem jeweiligen Aufenthaltsort zum Zeitpunkt der Wahlen die Mehrheit der Stimmen haben muss, um Präsident zu werden. Das war ein gewaltiges obiter dictum, denn Präsidentschaftskandidat war Gordon ohnehin nur in seiner Fantasie.

Gordon v. Secretary of State of New Jersey, 460 F. Supp. 1026 (New Jersey 1978)

3. Schluckspechte vor Gericht

Alkohol als Klagegrund

Alkohol ist ein hervorragendes Lösungsmittel. Es löst Familien, Ehen, Freundschaften, Arbeitsverhältnisse, Bankkonten, Leber- und Gehirnzellen auf, es löst nur keine Probleme. Wenn dann endlich alles versoffen ist, versucht mancher Promillionär nach zugrundegepichelter Erwerbsfähigkeit sein Ungemach durch Klagen in klingende Münze umzuwandeln.

Der Bundesalkoholminister warnt

Der Mann war dem Warsteiner Gerstensaft seit 17 Jahren verfallen und legte die typische Trinkerkarriere hin: Führerscheinentzug, Verlust des Arbeitsplatzes und Scheidung. Da kamen ihm offenbar die amerikanischen Produkthaftungsfälle in den Sinn, in denen zum Beispiel Zigarettenhersteller wegen unterlassener Warnhinweise zu Schadensersatz in Millionenhöhe verurteilt worden sind. Er beabsichtigte, die Brauerei auf Zahlung von Schmerzensgeld in Höhe von 15.000 Euro zu verklagen und begehrte für die Klage angesichts leergesoffener Taschen Prozesskostenhilfe. Zur Begründung führte der Blondwasser-Abhängige an, er sei durch das von der Brauerei produzierte Bier alkoholkrank geworden. Er behauptete, wenn sich auf den von ihm erworbenen Flaschen Warnhinweise befunden hätten, wäre er vom übermäßigen Trinken abgehalten worden.

Das Oberlandesgericht Hamm wies den Prozesskostenhilfeantrag nüchtern ab. Es stellte die freie Entscheidung des selbst verantwortlichen und aufgeklärten Bürgers in den Mittelpunkt. Danach müsse nicht über Gefahren aufgeklärt werden, die jedem Verständigen ohne weiteres einleuchten. Dass Alkohol krank machen könne, gehöre zum allgemeinen Grundwissen. Aus diesem Grunde bestehe keine Instruktionspflicht. Soweit es um die Verführbarkeit zum Alkoholkonsum geht, sind diese Gefahren der Sphäre der eigenen Lebensführung zuzuordnen und können auf der Suche nach »Verantwortlichen« nicht ohne weiteres auf die Hersteller von Produkten abgewälzt werden.

Beschluss des Oberlandesgerichts Hamm vom 14.02.2001, Aktenzeichen 9 W 23/00, veröffentlicht in NJW 2001, S. 1654

Betrunken spielt es sich leichter

Ein Mann aus Kalifornien hat das Las Vegas Hilton und das Mandalay Casino verklagt, weil sie ihm erlaubt haben, sich zu betrinken und über eine Million Dollar zu verspielen. Stephen Roel, ein erfahrener und guter Kasinospieler mit einer hohen Kreditlinie, macht die beiden Kasinos dafür verantwortlich, dass er Geld verloren hat, während er betrunken »unvernünftig und unberechenbar« gewettet hat. Als er das Hilton Casino betrat, hatte er 117.000 Dollar Bargeld dabei, die er auf einmal setzte und sogleich verlor. Roel verspielte dann auf Kredit im Hilton 839.000 Dollar und im Mandalay über 100.000 Dollar. In der Klageschrift forderte er von den Kasinos Schadensersatz, Rückerstattung seines verspielten Geldes sowie Erlass seiner Spielschulden.

Das Gericht musste den Fall nicht entscheiden, da die Parteien sich auf einen geheim gehaltenen Vergleich geeinigt haben. Roel hat sich inzwischen freiwillig in eine Trinkerheilanstalt begeben.

Las Vegas Sun, 12.01.2000

Der Chef hat immer Schuld

Eine Rezeptionistin aus Ontario, Kanada, trank auf einer nachmittäglichen Bürofeier und anschließend noch mehr in einer Bar, bevor sie versuchte, in einem Schneesturm selbst nach Hause zu fahren. Nach kurzer Fahrt verlor sie die Kontrolle über ihren Wagen und krachte in einen Lastwagen, wobei sie schwer verletzt wurde. Sie verklagte ihren Chef, den Inhaber einer Haus- und Grundstücksverwaltung, weil er seinen Schutzpflichten ihr gegenüber nicht nachgekommen sei. Der verklagte Arbeitgeber machte geltend, er habe der Frau nicht nur eine Taxifahrt nach Hause angeboten, sondern sie auch gefragt, ob er ihren Ehemann anrufen soll, damit dieser sie abholt. Außerdem habe ein Arbeitskollege der Klägerin angeboten, sie im Auto mitzunehmen, was sie prompt abgelehnt habe.

Im Februar 2001 hat ein Richter die Höhe des der Klägerin entstandenen Personenschadens auf 1,2 Millionen Dollar festgesetzt, ihr aber ein 75 Prozent Mitverschulden an dem Unfall angerechnet. 300.000 Dollar sind aber immer noch eine gepfefferte Strafe dafür, dass der Arbeitgeber alles getan hat, außer seine Angestellte gewaltsam von der Fahrt abzuhalten.

Benko, Buy this Book… or We'll Sue You!, S. 339

Tödliches Pinkeln

Der koreanische Immigrant Sang Yeul Lee betrank sich schwer auf der Party eines Freundes. Auf dem Nachhauseweg beschloss er, sich an einer Eisenbahnlinie zu erleichtern. Er konnte kein Englisch lesen, weshalb ihn Schilder wie »Gefahr!«, »Zutritt verboten!«, »Elektrischer Strom!« nicht abschreckten. Er ließ sich auch nicht von scharfkantigen Absperrungen abhalten, sondern kletterte drüber. Schließlich blieb er nahe des Bahnsteigs stehen und urinierte auf die Gleise. Sein Urinstrahl traf unglücklicherweise die Stromschiene und sandte 600 Volt durch seinen Körper.

Lee starb schnell und wurde von den Beamten mit den Füßen in Richtung Stromschiene, offenem Reißverschluss und entblößtem Penis aufgefunden. Kurz nach dem Vorfall verklagte die Witwe Lees die Chicagoer Eisenbahngesellschaft auf Schadensersatz mit der Begründung, sie hätten den Unfall vorhersehen können und weitere Schritte unternehmen müssen, um die Möglichkeit des Stromtodes zu verhindern.

Eine Jury sprach der Witwe zunächst drei Millionen Dollar Schadensersatz zu, der dann auf die Hälfte reduziert wurde, weil Lee eine gewisse Mitschuld trifft. Obwohl die Eisenbahngesellschaft Warnschilder und Absperrungen aufgestellt hatte und Lee diese ignorierte, hätte die Eisenbahngesellschaft einen Weg finden müssen, um Betrunkene vor dem Stromtod beim Urinieren auf ihre Gleise zu schützen. Das Illinois Supreme Court bestätigte den Spruch der Geschworenen über 1,5 Millionen Schadensersatz.

Lee v. Chicago Transit Authority, 152 Illinois 2d 432, 605 N.E.2d 493 (1992)

Pinkeln auf eigene Gefahr

Offenbar von dem vorigen Fall inspiriert stellte ein Freund von Hochprozentigem in Deutschland einen Prozesskostenhilfeantrag mit dem Ziel des Einklagens von Schmerzensgeld. Er hatte eine ordentliche Menge Alkohol getrunken und wollte sich auf dem Heimweg noch einmal erleichtern. Dazu lehnte er sich an einen Zaun, der zwischen einem Gehweg und einem abschüssigen Bahndamm stand. Der Zaun war morsch und brach durch. Der Mann rollte etliche Meter die Böschung herunter und zog sich erhebliche Verletzungen zu.

Das Gericht hat eine Erfolgsaussicht der Klage verneint und den Antrag abgewiesen. Der Verkehrssicherungspflichtige hat Sicherungsmaßnahmen nur für den zugelassenen Verkehr, nicht jedoch für unbefugte Benutzer zu treffen. Das Lehnen an den Zaun zum Zwecke des Urinierens stellte keine befugte Benutzung dar. Die Antragsgegnerin als Zustandsverantwortliche musste nicht für angetrunkene Benutzer des Fußwegs in der Weise Sorge tragen, dass diese nicht beim Anlehnen an den zum Bahndamm gelegenen Zaun abstürzen.

Beschluss des Landgerichts Gera vom 26.07.2001, Aktenzeichen 4 O 1292/01, veröffentlicht in NJW-RR 2002, S.961.

4. Post aus dem Irrenhaus

Wenn der Kläger ein bisschen gaga ist

Geisteskrankheit lässt zuweilen ungeahnte Kreativität erblühen. Wenn die Wirkung der Depotspritze gerade etwas nachlässt und auch die Zwangsjacke zu locker sitzt, schreibt mancher Geisteskranke an das Gericht. Freuen Sie sich auf eine Auswahl der besonders durchgeknallten Klagen.

Handbemalte Raumschiffe

Der Illustrator David Ward behauptete vor einem texanischen Gericht, dass eigentlich er das Raumschiff Enterprise entworfen habe. Sie hätten jetzt wahrscheinlich an Chefingenieur Montgomery Scott, genannt »Scotty«, gedacht. Ohne habgierig wirken zu wollen, verlangte Ward die folgende Entschädigung: 500 Millionen Dollar in bar, 500 Hektar Land, einen Lastwagen und ein 10m-Rennboot. Unter die Klageschrift kritzelte Ward: »Dies mag ein Haufen Geld sein, aber es ist viel weniger als die 750 Millionen Dollar, die ich zuerst haben wollte.«

Über den Ausgang des Rechtsstreits ist noch nichts bekannt geworden, Wetten werden noch angenommen.

Kohut, So Sue me!, S. 35

Invasion auf dem Mars

Eine Gruppe von Männern aus dem Jemen war sich sicher, sie hätte den Mars von einem Vorfahren vor dreitausend Jahren geerbt. Sie wollten eine Sammelklage gegen die NASA erheben, weil diese ohne ihre Genehmigung auf dem Roten Planeten gelandet sei. Laut der Klageschrift habe die NASA am 04.07.1997 eine Grundbesitzstörung begangen, als die Pathfinder-Sonde auf dem Mars landete und ihr Miniroboter begann, die Planetenoberfläche zu erkunden. Amerikanische Wissenschaftler hätten die Erforschung des Planeten begonnen, ohne sie zu informieren oder ihre Genehmigung einzuholen, beschwerten sich die Kläger. Sie forderten, dass die NASA sofort alle Operationen einstellt und es unterlässt, irgendwelche Informationen über die Planetenoberfläche, Atmosphäre oder Gravitation bekannt zu geben.

Die Kläger präsentierten die Klageschrift dem Generalstaatsanwalt von Jemen und verlangten von ihm, dass er David Newton, den amerikanischen Botschafter in Jemen, anweisen sollte, die Klage beim Gericht seines Heimatlandes einzureichen. Sie stießen überraschenderweise auf wenig Verständnis. Der Generalstaatsanwalt beschrieb die Männer als »abnormal«, welche nur nach Ruhm und Öffentlichkeit trachteten. »Ich habe ihnen mit Verhaftung gedroht, wenn sie den Fall nicht zurück ziehen, was sie dann getan haben«, sagte er.

Benko, Buy this Book… or We'll Sue You!, S. 233

Verklag Dich selbst!

Oreste Lodi war so verärgert, dass er sich entschloss, jemanden zu verklagen, und zwar sich selbst. Lodi, der Kläger, behauptete, dass Lodi, der Beklagte Begünstigter einer gemeinnützigen Treuhandschaft sei. Der Kläger war es leid, dass der Beklagte sein Vermögen verwaltete und wollte die Kontrolle über das Geld wieder selbst übernehmen. Nach seinem Vorbringen wurde sein Vermögen durch seine Geburtsurkunde aus dem Jahre 1923 in eine gemeinnützige Treuhandschaft übertragen. Deshalb verlangte er, dass die Geburtsurkunde für ungültig erklärt wird.

Die Klage wurde abgewiesen. Das Kalifornische Revisionsgericht hat klar erkannt, dass Kläger und Beklagter in diesem Rechtsstreit dieselbe Person waren. Die Geburtsurkunde des Klägers begründete keine gemeinnützige Treuhandschaft. Folglich gab es keine Treuhandschaft, die aufgehoben werden könnte. Das Ergebnis, so das Gericht weiter, kann aber nicht ungerecht für Lodi sein. Obwohl er als Kläger verloren hat, hat er doch als Beklagter gewonnen. Eine unparteiischere Entscheidung ist überhaupt nicht denkbar!

Lodi v. Lodi, 219 Cal. Rptr. 116 (California Ct. App. 1985)

Nerzmäntel für Lauschangriff

Die Klägerin behauptete, sie sei die Göttin des Universums. Als Beklagte benannte sie den Präsidenten Ronald Reagan und seine Frau, die Regierung der Vereinigten Staaten, den Kongress und die Bürger der Vereinigten Staaten und des Auslands. Die Einwohner des Universums, die früheren Präsidenten Nixon, Ford, Carter und der Präsident Reagan hätten Verbrechen gegen sie durch den Gebrauch eines Lauschangriffgeräts begangen. Sie verlangte, dass das Gericht ihr verschiedene Sachen, die von 16 Nerzmänteln und Diamantenschmuck, über ein Haus mit drei Schlafzimmern bis hin zu der Ausrichtung einer Party reichen, zuspricht.

Die Klage wurde abgewiesen.

God, Plaintiff v. President Ronald Reagan, 1986 WL 3948 (E.D. Pennsylvania)

Die Borgkönigin schlägt zurück

Teri Smith Tyler hatte 1992 eine der größten Verschwörungen aufgedeckt und unter anderem die US-Präsidenten Carter und Clinton sowie den Präsidentschaftskandidaten Ross Perot verklagt. Sie behauptete, sie sei in Wirklichkeit ein Cyborg und hätte die meisten Informationen, die der Klage zu Grunde liegen, von »Proteus« mittels Telepathie erhalten. Die Beklagten hätten einen konspirativen »Eisenbergplan« entwickelt, der unter anderem die Wiedereinführung der Sklaverei vorsehe. Politische Gegner, die Klägerin eingeschlossen, sollten unterdrückt werden. Der frühere US-Präsident Jimmy

Carter sei der geheime Führer des Ku Klux Klan, Bill Clinton sein biologischer Sohn. Clinton und Perot seien verantwortlich für den Mord an mindestens zehn Millionen schwarzer Frauen in Konzentrationslagern. Die Beklagten hätten des weiteren Wetterkontrolle und Erdbebentechnologie verwendet, um gegen den »Eisenbergplan« protestierende Länder einzuschüchtern.

Die Klägerin verlangte unter anderem 5,6 Billionen Dollar Schadensersatz sowie die Aufhebung der Sklaverei in den Vereinigten Staaten. Weiter sollte die Regierung Land in Afrika kaufen, damit die misshandelten schwarzen Frauen dorthin auswandern können.

Das Gericht hat der Verschwörungstheorie nicht geglaubt und die Klage als frivol abgewiesen, weil sie ein »fantastisches und wahnhaftes« Szenario beschreibt.

Tyler v. Carter, Clinton, Perot et al, 151 F.R.D.537
(S.D. New York 1993)

Versäumnisurteil gegen Gott

Donald Drusky aus Pennsylvania benannte Gott in seiner Klage als Beklagten. Er gab ihm die Schuld daran, dass ihm in seinem dreißigjährigen Kampf gegen seinen früheren Arbeitgeber, die USX-Corporation, keine Gerechtigkeit widerfahren war. Der Stahlerzeuger hatte ihn 1968 entlassen. »Der Beklagte Gott ist der oberste Herrscher des Universums und hat keine Korrekturmaßnahmen gegen seine Kirchenführer und sein Volk ergriffen, die Donald Drusky extremes Unrecht zugefügt und sein Leben ruiniert haben«, hieß es in der Klageschrift. Drusky verlangte von Gott die Rückkehr seiner Jugend, die Verleihung von Gitarrenspielfähigkeiten sowie die Wiederbelebung seiner Mutter und seiner Brieftaube. Falls Gott nicht vor Gericht erscheinen sollte, sehe die Zivilprozessordnung den Erlass eines Versäumnisurteils gegen ihn vor, meinte Drusky.

Der Richter Norman Mordue fand die Klage frivol und wies sie ab.

CNN Report vom 15.03.1999

5. Steffi Graf und der echte Heino

Wenn Promis sich ärgern

Wenn das Humorverständnis eines Prominenten überstrapaziert wird, ruft er seinen Staranwalt an und die Sache landet zum Jubel der Presse vor dem Kadi.

Der wahre und der echte Heino

Heino ist ein seit Jahrzehnten bekannter Sänger von Altenheimmusik. Ein Mitglied der Punkband »Die Toten Hosen« entdeckte eines Tages den Schlagersänger in sich und nannte sich fortan »Der wahre Heino«. Bei Auftritten ahmte er mit einer hellblonden Perücke und einer dunklen Brille die Erscheinung des echten Heino nach und sang Lieder wie »Blau, blau, blau blüht der Enzian«. Den anderen Heino bezeichnete er als seinen Doppelgänger. Der echte Heino verklagte den »wahren Heino« darauf, den Namen »Heino« nicht mehr zu gebrauchen.

Die Klage hatte Erfolg. Der Kläger, der unter dem Künstlernamen »Heino« auftritt, ist seit Jahren einer der bekanntesten Unterhaltungssänger überhaupt. Der Beklagte, der sich als den »wahren Heino« und den anderen als seinen Doppelgänger bezeichnete, machte einen unzulässigen Gebrauch des fremden Namens.

Landgericht Düsseldorf, Urteil vom 18.03.1986,
Aktenzeichen 4 O 300/85, veröffentlich in NJW 1987, S.1413

I wanna make love to Steffi Graf

Die Popmusikgruppe »Die angefahrenen Schulkinder« brachte ein Lied mit dem Titel »I wanna make love to Steffi Graf« heraus. In dem Refrain des englischen Liedes erfahren wir unter anderem, dass Steffi Graf und ihr Vater tausendmal miteinander den Beischlaf vollzogen haben. Der Refrain grub sich tief ins Gedächtnis, weil er mit einer eingängigen Melodie unterlegt war. Die weltberühmte Tennisspielerin Steffi Graf war über die Verbreitung des Liedes entsetzt. Sie erblickte darin eine schwer wiegende Verletzung ihres Persönlichkeitsrechts und begehrte von der Popmusikgruppe ein Schmerzensgeld in Höhe von 30.000 Euro.

In der unbewiesenen Behauptung der tausendfachen Blutschande zwischen Steffi Graf und ihrem Vater sah auch das Oberlandesgericht Karlsruhe eine schwere Verletzung ihres Persönlichkeitsrechts und sprach ihr die begehrten 30.000 Euro Schmerzensgeld zu.

Oberlandesgericht Karlsruhe, Urteil vom 27.04.1994, Aktenzeichen 7 O 114/93, veröffentlicht in NJW 1994, S,1963

Nebenverdienst für Prinzessin

Caroline von Monaco ist eine der wenigen, die es geschafft hat, sich durch das regelmäßige Verklagen von Illustrierten eine dauerhaft sprudelnde Geldquelle zu sichern.

Ein erster Meilenstein war 1996 ein Schmerzensgeld von 90.000 Euro. Dies hatte sie von dem Klatschblatt »Bunte« erhalten, weil dieses ein frei erfundenes »Exklusiv«-Interview veröffentlicht hatte *(OLG Hamburg, Urteil vom 25.07.1996, NJW 1996, S.2870)*.

Die Illustrierte »Gala« ist im Oktober 2000 zur Zahlung eines Schmerzensgeldes von 100.000 Euro an die Prinzessin verurteilt worden, weil sie ein Foto veröffentlich hatte, das Caroline beim Beten in der Kirche zeigt. Die Zeitschrift hatte zudem Bilder von Caroline mit Prinz Ernst August von Hannover auf ihrer privaten Jacht vor der Küste von Palma de Mallorca gezeigt. Das Landgericht Hamburg hatte noch auf 50.000 Euro Schmerzensgeld erkannt, auf die Berufung beider Parteien wurde die Entschädigung durch das Oberlandesgericht Hamburg verdoppelt, welches die Bilder »unschicklich, respektlos und geschmacklos« fand *(OLG Hamburg, Urteil vom 10.10.2000, OLGR Hamburg 2001, S. 139).*

Schließlich musste die Fernsehzeitung »Gong« 75.000 Euro zahlen, weil sie heimlich aufgenommene Fotos von Caroline mit ihrem Baby im Arm abgedruckt hatte.

Und dies ist nur die Spitze des Eisbergs, da viele Fälle außergerichtlich geregelt werden.

6. Sex vor Gericht

Sexunfälle und sexuelle Belästigung

Besonders komisch wird es, wenn Kläger schlüpfrige Schlafzimmergeschichten und Sexpannen im Gerichtssaal der geneigten Öffentlichkeit präsentieren. In der Hoffnung auf den großen Geldsegen werden selbst intime Details wie Oberweitengrößen, bevorzugte Stellungen, ungewöhnliche Sexorte und Penisgrößen ungehemmt preisgegeben.

Der Spermadiebstahl

Der 36-jährige Peter Wallis aus Albuquerque in New Mexiko war über die Alimenteforderungen seiner ehemaligen Lebensgefährtin Kellie Smith für die gemeinsame uneheliche Tochter äußerst verärgert. Schließlich hatten beide vereinbart, dass sie zur Verhütung die Pille nimmt. Wallis hatte klar gestellt, dass er kein Kind zeugen möchte. Irgendwann hatte Smith ihre Meinung geändert und die Pille heimlich abgesetzt. Also verklagte er sie kurzerhand wegen »Spermadiebstahls und Verhütungsbetrug«, denn freiwillig hätte er ihr niemals seinen Samen gegeben, wenn er gewusst hätte, dass sie die Pille nicht mehr nimmt. Der Kläger forderte von seiner ehemaligen Lebensgefährtin Ersatz für den Vermögensschaden, der ihm durch den Kindesunterhalt entsteht. In anderen Worten wollte er, dass sie ihm das Geld zurückzahle, welches er ihr gibt, damit sie seine Tochter großzieht.

Der Anwalt seiner Expartnerin drehte allerdings den Spieß um – seiner Auffassung nach »beschenkte« Wallis seine Freundin während des Aktes mit dem Sperma.

Die Klage wurde in beiden Instanzen abgewiesen. Auf den möglichen Vertragsbruch durch die Lebensgefährtin kommt es nicht an, so das Gericht, da Kinder ohne Rücksicht darauf, ob ihre Zeugung gegen eine Vereinbarung zwischen den Eltern verstößt, unterhaltsbedürftig sind. Dem Kläger hätte es frei gestanden, eigene Verhütungsmaßnahmen zu ergreifen. Geschenkt ist geschenkt.

Wallis v. Smith, New Mexico Ct. App. 2001; Einzelheiten sind der Homepage des Klägers zu entnehmen: www.geocities.com/dadpwallis/

Waffenscheinpflichtige Brüste

Bennie Casson verklagte einen Nachtklub wegen fahrlässigen Handelns. Dieser habe einer Stripperin erlaubt, ihre großen Brüste heftig in seine Nacken- und Kopfregion zu schlagen, während er ihr ein bisschen zu nahe an der Bühne zuschaute. Casson behauptete in seiner Klageschrift, dass die Tänzerin Susan Sykes, Künstlername »Busty Heart«, welche sich brüstet, über eine Oberweite von 233 cm zu verfügen, ihm ein »zerschrammtes, gequetschtes und zerfleischtes« Genick zugefügt habe. Die »begabte« Künstlerin, jede einzelne ihrer Brüste wiegt 18 kg, habe ihre Brüste gegen seinen Kopf und sein Genick geschlagen und ihm dadurch »Kummer, Seelenqual und Demütigung« zugefügt. Casson forderte dafür 200.000 Dollar Schmerzensgeld.

Die Klage wurde abgewiesen, da Casson keinen Anwalt finden konnte, der seinen Fall vor Gericht vertreten wollte. So richtig zum Lachen ist der Fall aber nicht: Casson hat fünf Tage nach der Klagabweisung Selbstmord begangen.

American Cynic vom 22.03.1999, Volume 04, Issue 12, www.americancynic.com/03221999.html

Unfallversicherter Sex

Die 35-jährige Sekretärin hatte sich beim Sex mit ihrem Freund so schwer verletzt, dass sie heute im Rollstuhl sitzt. Sie verklagte ihre beiden Unfallversicherungen auf Invaliditätsleistungen. Im Gerichtssaal schilderte die Klägerin die intimen Details ihres Unfalls: Vor fünf Jahren hatte sie mit ihrem Freund leidenschaftlichen Geschlechtsverkehr. Dabei saß sie rittlings auf ihm; mit einem Mal habe er sich heftig bewegt, sie sei aus dem Gleichgewicht gekommen und rund einen Meter weit auf die Bettkante geschleudert worden. Mit dem Po sei sie auf dem Metallrahmen aufgeschlagen und habe das Bewusstsein verloren, sagte die Frau im Rollstuhl. Die Ärzte diagnostizierten eine schwere Rückenmarksverletzung und Querschnittslähmung.

Das Oberlandesgericht Düsseldorf gab der Klage statt. Wer sich beim wilden Sex verletzt, kann von seiner Unfallversicherung Zahlung verlangen. Die vom Gericht angehörten Gutachter hielten es für möglich, dass man bei heftigen Beischlafbewegungen einen Meter weit weg geschleudert wird. Ob sie das aus eigener Lebenserfahrung für möglich hielten, sei dahingestellt. Die Hamburg-Mannheimer und der Deutsche Lloyd mußten insgesamt 396.000 Euro an die Klägerin zahlen.

Urteil des Oberlandsgerichts Düsseldorf vom 21.09.1999, Aktenzeichen 4 U 153/98, veröffentlicht in Versicherungsrecht 2000, S.961

Liebe auf den Gleisen

Im September 1992 liebte sich ein obdachloses Pärchen auf einer Matratze, die sie über die Gleise einer New Yorker U-Bahn-Station gelegt hatten. Der Zugführer der herannahenden U-Bahn konnte trotz Notbremsung nicht verhindern, dass die 400 Tonnen schwere U-Bahn über das kopulierende Paar fuhr. Das Liebespaar überlebte wie durch ein Wunder, zog sich jedoch erhebliche Verletzungen zu, unter anderem ein verrenktes Becken und ein gebrochenes Bein.

Das Pärchen verklagte daraufhin die Verkehrsbehörden von New York wegen »Nachlässigkeit, Rücksichtslosigkeit und Fahrlässigkeit«. Der Anwalt des Pärchens erklärte in einem Interview mit der New York Daily News: »Auch Obdachlose haben ein Recht auf Sex.«

Der Fall ist weiterhin anhängig, wird aber seit sechs Jahren weder von den Klägern noch ihrem Anwalt weiter betrieben.

Percelay, Whiplash!, S. 49

Es kommt doch auf die Größe an

Der Angestellte einer Autoteilehandelskette Chris Fotiades hatte womöglich ein recht kleines Gemächt. Eines Tages ging er zum Urinieren auf die Toilette. Der Filialleiter folgte ihm, entriegelte das Schloss und öffnete die Tür. Dort stand der überraschte Fotiades mit herunter gelassenen Hosen. Daraufhin sprang der Direktionsassistent mit einer Kamera bewaffnet in die Toilettenkabine und machte ein Foto des verblüfften Angestellten. Als er wieder aus der Toilette kam, hatte das Polaroid-Foto in der Firma bereits die Runde gemacht und für allgemeine Heiterkeit gesorgt. Die Kollegen bedachten ihn in Anspielung auf das auf dem Foto deutlich zu sehende Genital mit Spitznamen wie »Kurzer«, »Kleiner« und »Winzling«. Sie witzelten herum, er brauche eine Lupe und eine Pinzette, um das Ding zu finden. Er verlangte erfolglos die Herausgabe des Fotos. Nachdem die Situation für ihn unerträglich geworden war, ließ er sich in eine andere Filiale versetzen. Sein früherer Chef entschied jedoch, dass auch die andere Filiale ein wenig Spaß haben sollte und schickte das Foto dorthin, wo es ebenfalls in Umlauf gebracht wurde. Nun hatte Fotiades genug und erhob Klage.

Die Geschworenen sprachen dem Kläger 1,5 Millionen Dollar Schadensersatz zu. Der Spruchrichter reduzierte den Schadensersatz auf 500.000 Dollar. Eine durch die beklagte Firma eingelegte Berufung blieb erfolglos.

Fotiades v. Hi-Tech Auto Collision & Painting Servs., Inc., Cal. Ct. App., No. E029854 (10/17/01), Orange County Superior Court

7. McDonald's macht reich
Prozesse rund um Getränke und Nahrung

McDonald's ist eine der reichsten Firmen der Welt. Deshalb versuchen immer wieder vom Schicksal benachteiligte Menschen in die tiefen Taschen des Burger-Imperiums zu greifen. Die in den USA oft erfolgreichen Klagen haben auch in Deutschland zahlreiche Nachahmer gefunden. Bislang hat sich die Hoffnung der deutschen Kläger auf einen Millionengewinn allerdings nicht erfüllt.

Verschütte Kaffee und werde reich

Dies ist ein echter Klassiker unter den Schadensersatzklagen, der viele Nachahmer gefunden hat. Im Februar 1992 saß die 79-jährige Stella Liebeck aus Albuquerque, New Mexico auf dem Beifahrersitz im Auto ihres Enkels. Dieser kaufte ihr am Drive In-Schalter eines McDonald's einen Kaffee im Styroporbecher. Der Enkel hielt dann an, damit Liebeck Milch und Zucker in den Kaffee tun konnte. Liebeck stellte den Kaffeebecher zwischen ihre Knie und versuchte, den Plastikdeckel zu entfernen. Als sie an dem Deckel zog, kippte der Becher um und sein gesamter Inhalt ergoss sich in ihren Schoß.

Frau Liebeck behauptete, sie habe sich durch den brühend heißen Kaffee Verbrennungen dritten Grades zugezogen und acht Tage im Krankenhaus verbringen müssen. Sie verlangte von McDonald's vorgerichtlich die Erstattung von 20.000 Dollar Behandlungskosten. McDonald's verweigerte jede Zahlung, weil die Kunden wüssten, dass Kaffee heiß ist und dies auch so wollten. Im Übrigen sei es nicht ein Mitarbeiter von McDonald's gewesen, der den Kaffeebecher zwischen ihre Beine gestellt habe. Auch könne man nicht für das Verschütten des heißen Kaffees verantwortlich gemacht werden.

Frau Liebeck klagte daraufhin. Die Geschworenen erkannten ihr 200.000 Dollar Schadensersatz zu, der dann wegen zwanzigprozentigen Mitverschuldens auf 160.000 Dollar gekürzt wurde. Die Geschworenen sprachen ihr weiter 2,7 Millionen Dollar Strafschadensersatz zu, welche dem Ertrag aus zwei Tagen Kaffeeverkauf bei McDonald's entsprechen. Das Gericht reduzierte den Strafschadensersatz auf 480.000 Dollar. Dies macht im Ergebnis 640.000 Dollar für einen verschütteten Kaffee.

McDonald's hat ihre Kaffeebecher in Amerika nach dem Prozessverlust mit einem Warnhinweis versehen: »Vorsicht: Inhalt ist heiß!«

Statt vieler:
www. power-ofattorneys.com/stupid_lawsuit_detail.asp?stupid_ID=19

Selbstverantwortung ist seither völlig out:

Glühende Gewürzgurken

In einem weiteren Versuch in die tiefen Taschen von McDonald's zu greifen, hat ein Ehepaar im Oktober 2000 eine 125.000-Dollar-Klage eingereicht. Veronica Martin aus Tennessee behauptet, McDonald's habe ihr einen Hamburger mit extrem heißen Gurkenscheiben verkauft. Eine Gurkenscheibe sei beim Essen des Hamburgers auf ihr Kinn gefallen und habe dieses so schwer verbrannt, dass eine Narbe zurückblieb. Sie verlangte 110.000 Dollar für Arztrechnungen, Einkommensausfall sowie physisches und psychisches Leiden. Ihr Mann Darrin forderte 15.000 Dollar dafür, dass er aufgrund des Unfalls zeitweise auf die Dienste und die Gesellschaft seiner Frau verzichten musste.

Der Rechtsstreit wurde im April 2001 vergleichsweise beigelegt. Die Höhe der Vergleichssumme wurde vertraulich behandelt.

Benko, Buy this Book…or We'll Sue You!, S. 79

McChicken mit Kondomfüllung

Veronica Minor aus Wisconsin hat ebenfalls McDonald's verklagt, nachdem sie in ein McChicken gebissen hatte, in dem sich ein Kondom befunden haben soll. »Sie ist entsetzt gewesen, ging in die Toilette und hat sich übergeben«, sagte ihr Anwalt Rick Pendergast. McDonald's hat erklärt, die Klage sei unbegründet. Ihre Klage habe absolut nichts mit dem Restaurant oder seinen Angestellten zu tun. Die Klägerin verlangte unbezifferten Schadensersatz.

Über den Ausgang des Rechtsstreits ist noch nichts bekannt geworden. Obwohl die Klägerin wahrscheinlich nur das übliche Erfrischungstuch mit einem Kondom verwechselt hat, kann sie wohl mit einem Dollarregen rechnen.

www.canoe.ca/CNEWSHeyMarthaArchive/981209_condom.html

Die Maus in der Apfeltasche

Als Richard Land bei McDonald's in eine Apfeltasche biss, schmeckte er mehr als Apfelfüllung; er schmeckte Nagetier. Lang hatte den Kopf einer ganzen Maus abgebissen und war laut seines Anwalt auf den Boden gefallen, wo er anfing, sich zu übergeben und vor Wut zu schäumen.

Lang verklagte McDonald's und seinen Lieferanten, die Firma Bama Pie. Es gab dabei nur ein Problem: Die Detektive von McDonald's fanden heraus, dass Lang die Maus selbst eingeschmuggelt hatte, um Geld von dem Hamburger-Imperium zu erpressen. Unter den Beweisen waren folgende: 1. Die Apfelfüllung wird durch Röhren mit einem Durchmesser von 2,5 cm gepumpt, durch die die Maus nicht gepasst hätte; 2. Apfeltaschen werden in rechteckige Stücke geschnitten, die Maus war aber ganz; 3. Apfeltaschen werden mit einer inneren Temperatur von 88° C zubereitet und an dem Nagetier durchgeführte Enzymtests haben ergeben, dass die Maus in der Apfeltasche niemals eine Temperatur von über 71 °C erreicht hatte.

Der Richter Barry Hammer roch eine Ratte, insbesondere weil der Schwanz der Maus ordentlich entlang ihrem Körper angelegt war, was darauf hinwies, dass sich jemand große Mühe gegeben hat, sie in die Teigfüllung zu stecken. Der Richter weigerte sich, den Köder zu schlucken und entschied gegen Lang.

Über ein anschließendes Strafverfahren ist mir nichts bekannt.

Percelay, Whiplash!, S. 58

Suppe ist ein Heißgericht

Offensichtlich von den amerikanischen »Heißer-Kaffee-Fällen« inspiriert, versuchte eine Frau in Deutschland zu 900 Euro Schmerzensgeld zu kommen. Sie verbrannte sich in einem Restaurant an der vom beklagten Gastwirt viel zu heiß servierten Suppe den Mund. Sie verlangte Schadensersatz, weil der Beklagte sie nicht darauf hingewiesen hat, dass die Suppe heiß ist.

Das Amtsgericht Hagen brach eine Lanze für die Selbstverantwortung und wies die Klage mit folgender Begründung ab:

»Verkehrssicherungspflichten bestehen aber lediglich insoweit, als diese Gefahrenquelle für den Gast nicht zu erkennen war. Jeder, der eine Suppe bestellt, weiß aber, dass er ein sog. Heißgericht serviert bekommt, welches nur mit äußerster Vorsicht zu genießen ist. Dies wurde hier zudem dadurch erkennbar, dass die Suppe noch – wie die Klägerin in der mündlichen Verhandlung vom 9. 9. 1996 ausgeführt hat – dampfte; insoweit trug die Suppe das Gefahrensignal in sich, so dass von dem Gastwirt keine weiteren Maßnahmen zu treffen waren. Er ist nicht etwa verpflichtet, die Suppe nach dem Erhitzen zunächst einige Zeit abkühlen zu lassen und sodann erst zu servieren. Der Gastwirt ist auch nicht verpflichtet, den Gast ausdrücklich auf die sehr heiße Suppe hinzuweisen. Angesichts der dampfenden Suppe wäre ein derartiger

Hinweis überflüssig, da er die durch die dampfende Suppe bereits zum Ausdruck kommende Information nicht erweitern würde.«

Amtsgericht Hagen, Urteil vom 09.09.1996, Aktenzeichen 14 C 149/96, veröffentlicht in NJW-RR 1997, S.727

Teurer Sauerbraten-Streit

Der Restaurantfachmann Mike Loos bestellte sich im Restaurant »Schützenhaus« in Mylau im August 2001 einen Sauerbraten mit Rotkohl und Klößen. Bei dem servierten Gericht war ihm die Bratensauce zu mehlig und das Rotkraut viel zu hell. Deshalb ließ er das Gericht zurückgehen und verweigerte dessen Bezahlung.

»Mir geht es ums Prinzip und um meine Ehre, da kämpfe ich bis aufs Messer«, sagte sich die Gastwirtin und verklagte den unzufriedenen Gast vor dem Amtsgericht Auerbach auf Zahlung von sage und schreibe 7,06 Euro.

Das Amtsgericht brauchte drei Verhandlungstage bis zu einer Entscheidung. Nachdem mehrere Zeugen vernommen sowie ein Sachverständiger angehört worden waren, wies es die Klage am 31.05.2002 ab. Die Klägerin habe nicht eindeutig beweisen können, dass der Braten tatsächlich von mittlerer Art und Güte war, hieß es zur Begründung. Die von der unterlegenen Gastwirtin zu zahlenden Kosten des Rechtsstreits übersteigen das Fünfzigfache der Klagesumme. Aber es ging ihr schließlich ums Prinzip und dafür ist auch ein Streitwert von 7,06 Euro nicht zu klein.

Urteil des Amtsgericht Auerbach vom 31.05.2002, JuS 2002, Heft 9, S.XLII

Würmer zu Weihnachten

Der Kläger kaufte in einem Supermarkt ein Glas mit rotem Bio-Paprika, das von der Beklagten vertrieben wird. Als der Kläger an Weihnachten das Glas zum Verzehr öffnete, ragte aus einer Paprikaschote ein etwa 3 cm langer weißer Wurm heraus. In einer anderen Paprikaschote fanden sich weitere Würmer. Mit der Klage wurde ein Schmerzensgeld von 1.000 Euro gefordert. Der Kläger, dessen Ehefrau und Tochter seien vom Ekelgefühl überfallen worden und hätten mit Erbrechungserscheinungen kämpfen müssen. Weihnachten sei für die Familie gelaufen gewesen. Der Kläger hätte auch später noch an Einschlafstörungen und Albträumen gelitten.

Das Amtsgericht Aalen war der Ansicht, der bloße Anblick eines toten Wurmes ist nicht geeignet, beim Betrachter ein dauerhaftes Ekelgefühl hervorzurufen:

»Dem Gericht ist kein Fall bekannt geworden, dass jemand, der versehentlich auf einen derartigen Wurm gebissen hat, derart von Ekel überfallen wurde, dass dies beim Betroffenen zu Beschwerden mit krankheitsähnlichem Charakter geführt hätte. Eine zwar nicht wissenschaftliche, aber doch repräsentative Umfrage bei den bekanntermaßen sehr empfindlichen Mitarbeitern/innen des Amtsgerichts konnte entweder nur spontane Heiterkeitsausbrüche oder aber Unverständnis über eine derartige Reaktion beim Kläger hervorrufen. Niemand konnte sich derartige Gesundheitsbeeinträchtigungen überhaupt vorstellen.

Ein Schockschaden durch den Anblick der Würmer ist auszuschließen. Es lässt sich der Verdacht nicht völlig ausschließen, dass die vom Kläger beschriebenen Symptome dadurch verursacht wurden, dass der Kläger Zeitungsartikel über Urteile aus dem Land der unbegrenzten (Schmerzensgeld-) Möglichkeiten gelesen hat. Die Klage ist deshalb abzuweisen.«

Amtsgericht Aalen, Urteil vom 16.09.1999,
Aktenzeichen 3 C 811/99, veröffentlich in JuS 2000, Heft 1, S.XL

Reichwerden durch Fettsein

Caesar Barber, ein 56-jähriger Hausmeister, hat sich sein Gewicht von knapp 125 Kilo (bei einer Körpergröße von 1,80 Metern) eigenen Beteuerungen zufolge in Fast-Food-Restaurants angefressen. Viermal, manchmal fünfmal in der Woche pflegte der Amerikaner in einem Fast-Food-Restaurant einzukehren und sich dort mit Hamburgern und Fritten vollzustopfen. Heruntergespült wurde das Ganze mit mindestens einem Dreiviertelliter Coca Cola. Barber hat es damit bereits zu zwei Herzinfarkten, Diabetes, hohem Blutdruck und erhöhtem Cholesterinspiegel gebracht. Er will nun Schadensersatz von McDonald's, Burger King, Kentucky Fried Chicken und ähnlichen Restaurantketten, weil diese ihn nicht genug über die Gefahren übermäßigen Essens informiert haben sollen. »Sie haben mir nie erklärt, was ich esse«, sagte er in einem Fernsehinterview. Am 23.07.2002 reichte er Klage beim Bronx Supreme Court ein. Er verlangt Schadensersatz in noch unbezifferter Höhe. In vergleichbaren Fällen ging es immer um Millionenbeträge.

Der Fall ist noch nicht entschieden worden. Die meisten dieser Rechtsstreite werden erfahrungsgemäß durch einen Vergleich beigelegt. Barber kann sich also berechtigte Hoffnung auf eine stattliche Entschädigung machen. Und auf Fast Food wird bestimmt bald ein Warnhinweis angebracht: »Vorsicht: Der übermäßige Verzehr von Hamburgern kann zu Fettleibigkeit führen und verursacht Herzkrankheiten«, möglichst noch mit farbigen Illustrationen.

Vgl. Welt am Sonntag vom 03.11.2002

Der zuckerkranke Richter

Auch deutsche Richter lesen Produkthaftungsurteile aus den USA mit den astronomischen Schadensersatzsummen. Beim Vizepräsidenten des Landgerichts Neubrandenburg wurde 1998 Diabetes Mellitus Typ II diagnostiziert. Zudem war sein Gebiss von Karies zerfressen. Auf der Suche nach Schuldigen fiel ihm ein, dass er sich jahrelang täglich »Mars« und »Snickers« reingezogen und dazu viel Coca Cola getrunken hat. Grund für die ungesunde Ernährungsweise war die hohe Arbeitsbelastung am Landgericht. Der Richter verklagte anstelle des Landgerichts aber lieber den Schokoriegel-Hersteller Masterfood sowie Coca Cola auf Schadensersatz und Schmerzensgeld. Zur Begründung beider Klagen führte er an, dass die Hersteller auf den Produkten vor deren hohen Zuckeranteil und dessen möglichen gesundheitlichen Folgen hätten warnen müssen.

Das Landgericht Mönchengladbach wies die Klage gegen den Schokoriegel-Hersteller ab. Der vom Kläger behauptete Zusammenhang zwischen dem Konsum von Schokoriegeln und der Entstehung von Diabetes ist wissenschaftlich nicht belegbar. Als entscheidend verantwortlich für das Entstehen von Diabetes ist die genetische Disposition (seine Mutter ist ebenfalls Diabetikerin), Fettleibigkeit (Kläger wiegt über 100 kg) und mangelnde körperliche Betätigung (reine Schreibtischarbeit ohne Sportausgleich in der Freizeit) anzusehen. Zucker ist allenfalls mittelbar ursächlich über eine Förderung der Entwicklung von Übergewicht. Die Hersteller müssen auf ihren zuckerhaltigen Produkten auch keine Warnhinweise anbringen, da es zum allgemeinen Erfahrungswissen der Bevölkerung gehört, dass Schokoriegel viel Zucker enthalten und dass der übermäßige Verzehr von Zucker zu Übergewicht führen kann. Die Berufung gegen das Urteil blieb erfolglos.

Über die vor dem Landgericht Essen anhängige Klage gegen Coca Cola ist noch nicht entschieden worden. Vielleicht wären die richterlichen Bezüge besser in eine Klage vor amerikanischem Gericht investiert gewesen.

Landgericht Mönchengladbach, Urteil vom 24.04.2002, Aktenzeichen 3 O 217/01, veröffentlicht in NJW-RR 2002, S.896

8. Stürze bringen das große Geld

Fälle rund ums Ausrutschen und Hinfallen

Wer früher ausgerutscht und hingefallen ist, galt als tollpatschig. Heute gilt er als Opfer und kann auf segensreichen Schadensersatz hoffen.

Ein sechsstelliger Ausrutscher

Im Jahre 2000 hat Amber Carson aus Pennsylvania ein Restaurant in Philadelphia verklagt, nachdem sie auf einem Softdrink ausgerutscht war und sich verletzt hatte. Die Ironie der Geschichte ist, dass das Getränk, auf dem Frau Carson ausgerutscht ist, auf dem Boden war, weil Frau Carson es 30 Sekunden zuvor während eines Streits nach ihrem Freund geworfen hatte.

Das Restaurant wurde verurteilt, Frau Carson 113.500 Dollar für die erlittenen Verletzungen zu zahlen.

www.power-of-attorneys.com/stupid_lawsuit_detail.asp?stupid_ID=97

Kopf- und Gliederschmerzen?
Niedergeschlagenheit?
Depressionen?

Jemand sollte dafür zahlen!

Lassen Sie mich für Sie
die tiefsten Taschen
finden und verklagen!

Rechtsanwalt
Geldmacher
Tel. 089/4711

Klagen oder verklagt werden,
das ist hier keine Frage!

Der Fensterarsch

Ein Erstsemesterstudent der Universität von Idaho lebte im Studentenwohnheim mit einem Fenster zur Straße. Eines Nachmittags sah er auf der Straße ein paar Freunde vorbeigehen. Ein bisschen Spaß muss sein, dachte er sich und entschloss sich deshalb, ihnen seinen nackten Hintern zu zeigen. Er stieg auf den Heizkörper, ließ seine Hosen herunter, und lehnte seinen nackten Hintern gegen das Fenster. Die Fensterscheibe hielt dem Druck jedoch nicht stand, zerbrach und der Student stürzte drei Stockwerke tief. Er zog sich eine gebrochene Wirbelsäule sowie mehrere Knochenbrüche zu. Als er sich von seinen schweren Verletzungen erholt hatte, verklagte er die Universität. Diese hätte ihn vor den Gefahren, die das Wohnen in oberen Stockwerken mit sich bringt, rechtzeitig warnen müssen.

Die Klage wurde abgewiesen.

Percelay, Whiplash!, S. 61

Zu früh gefreut

Annie Marie Leal besuchte 1989 ein Steak & Ale Restaurant. Ein Kellner ließ aus Versehen ein Tablett mit Essen auf Leal fallen. Sie klagte und warf dem Restaurant vor, dass sie von einem Steak getroffen wurde und hierdurch Kopf-, Nacken- und Rückenverletzungen erlitten hätte. Während der Gerichtsverhandlung saß die Klägerin die meiste Zeit im Rollstuhl. Sie sagte aus, ohne fremde Hilfe nicht mehr gehen zu können. Das Restaurant machte ein Vergleichsangebot über zwei Millionen Dollar, das die Klägerin hocherfreut annahm. Der Richter genehmigte den Vergleich mündlich, musste ihn aber noch unterschreiben.

Die Klägerin stand später aus ihrem Rollstuhl auf und lief ohne fremde Hilfe auf Stöckelschuhen herum. Dies sehr zur freudigen Erleichterung des beklagten Restaurants, deren Detektive alles auf Video aufnahmen. Steak & Ale verlangte, die Vergleichsvereinbarung für nichtig zu erklären. Das Texas Supreme Court gab diesem Begehren statt, da der Spruchrichter den Vergleich noch nicht unterschrieben hatte, als der Betrug durch die Klägerin entdeckt wurde.

S & A Restaurant Corp. v. Leal, 38 Texas Sup. Ct. J. 303, 892 S.W.2d 855 (1995)

Die missglückte Falldemonstration

Der Professor für Schadensersatzrecht Gary Munneke behandelte in seiner Vorlesung vom 31.08.2000 den Fall eines Kindes, welches ein anderes Kind dadurch verletzt, dass es ihm beim Hinsetzen den Stuhl wegzieht. Zur Demonstration dieses Schülerstreichs bat er die Studentin Denise DiFede nach vorne zu kommen und sich hinzusetzen. Es war ihre erste Studienwoche und sie tat wie ihr geheißen. Als sie sich hinsetzte – welch Überraschung! – zog der Professor ihr den Stuhl weg und sie fiel auf ihren Hintern.

Die Studentin fand dies gar nicht instruktiv oder auch nur witzig und verklagte den Professor samt der Universität vor dem New York Supreme Court. Das Verhalten des Professors, so empörte sie sich in der Klageschrift, sei »ungeheuerlich, schockierend und unerträglich« gewesen. Durch den Fall auf den Boden habe er bei ihr »schwere Schmerzen und Angstgefühle« verursacht. Sie fordert für diese schwerkriminelle Tat eine Entschädigung von läppischen fünf Millionen Dollar.

Der Professor hat mit seiner Vorlesung vielleicht zu gute Arbeit geleistet. Die Studentin hat gleich in ihrer ersten Studienwoche gelernt, wie man aus einem kleinen Ungemach richtig Kapital schlagen kann. Sie wird dank der lebensnahen Ausbildung des verklagten Professors bestimmt mal eine gute Schadensersatz-Anwältin – falls sie es nach Prozessausgang noch jemals nötig haben wird zu arbeiten.

Das Gericht hat über die am 21.06.2001 eingelegte Klage noch nicht entschieden.

*Vgl. New York Press vom 27.06.2001, S. 1; die Original-Klageschrift findet sich unter: www.news.corporate.findlaw.com/hdocs/docs/difede/
difidepacecmpt62101.pdf*

Freilaufendes Kind

Kathleen Robertson aus Austin, Texas hat ein Möbelhaus verklagt, weil sie in diesem über ein blindwütig herumlaufendes Kleinkind gestolpert und sich durch den Sturz den Knöchel gebrochen hatte. Im Januar 2000 wurden ihr von einer Jury 780.000 Dollar zugesprochen. Der Geschäftsinhaber war verständlicherweise überrascht über das Urteil, da in der Gerichtsverhandlung herausgekommen war, dass es sich bei dem sich schlecht benehmenden kleinen Jungen um Frau Robertsons eigenen Sohn handelte.

www.collectionproof.com/stella.htm

9. No sports, no money

Klagen rund um Sport und Spiel

Auch beim Sport offenbart sich eine Vielzahl von Möglichkeiten, sich zu verletzen und anschließend jemand zu verklagen.

Der Wellenklau

Unter Surfern gilt das ungeschriebene Gesetz, dass die Welle demjenigen gehört, der dem Wellenkamm am nächsten ist. In Kalifornien hat kürzlich ein Surfer einen anderen Surfer verklagt, weil dieser einfach seine Welle genommen hatte. Er klagte wegen der »Schmerzen und Leiden« die er erlitt, als er zusehen musste, wie jemand anderes die Welle ritt, »die für ihn bestimmt gewesen war«.

Die Klage wurde abgewiesen, weil es den fantasielosen Geschworenen nicht gelang, den Wert der »Schmerzen und Leiden« durch den Wellenklau festzusetzen.

Oliver, DisOrder in the Court, S.39

Wutbälle können ins Auge gehen

Ein tennisspielender Rechtsanwalt schlug nach einem verlorenen Satz mehrere Bälle wütend und wahllos in die Hälfte des Gegners. Dieser, ein Zahnarzt, war gerade dabei Bälle aufzuheben, als ihm ein Tennisball ins linke Auge flog. Der Gebissschmied zog sich eine schwere Augenverletzung zu und war vier Monate arbeitsunfähig. Das Gericht führte aus, dass das Prinzip allgemeiner Fairness als oberster Grundsatz bei der Ausübung jeder Sportart betrachtet werden müsse. Weil der Rechtsanwalt sich nicht daran gehalten und den anderen Spieler verletzt hat, musste er wegen »Verflachung der Sitten« Schadenersatz in Höhe von 50.000 Euro und Schmerzensgeld in Höhe von 10.000 Euro leisten. Als Anwalt sollte man mit weniger Gesichtsverlust verlieren können.

Urteil des Oberlandesgerichts Hamm vom 15.11.1999, Aktenzeichen 6 U 32/99, veröffentlicht in VersR 2001, S. 346

Glücksrad außer Kontrolle

Eine Frau aus Kalifornien war Kandidatin in einer Glücksrad-Sendung. Sie drehte das Glücksrad und sah mit offenem Mund, wie der Ball im Feld für drei Millionen Dollar landete. »Sie sind die Gewinnerin!«, rief der Moderator. Die Frau jubelt und umarmte ihre Familienmitglieder, welche auf die Bühne stürzten. Einen Augenblick später tippte ihr der Moderator auf die Schulter und zeigte auf das Glücksrad. Der Ball war inzwischen weitergehüpft und im Feld für 10.000 Dollar gelandet. Nach einer Spielregel musste der Ball aber mindestens fünf Sekunden in dem Feld bleiben, damit der Preis als gewonnen galt. Die Beinahe-Millionärin verklagte die Staatliche Lotterie.

Während der Gerichtsverhandlung wurden den Geschworenen Videoaufzeichnungen mit dem Spiel der Klägerin und den Spielen von anderen Hauptpreisgewinnern gezeigt. Dabei kam heraus, dass in der Vergangenheit Kandidaten zu Gewinnern erklärt wurden, obwohl der Ball nicht für volle fünf Sekunden im Feld verblieben war. Die Geschworenen sahen keinen Grund, die bisher ignorierte 5-Sekunden-Regel nun erstmals anzuwenden. Sie sprachen der Klägerin die drei Millionen Dollar sowie zusätzlich 400.000 Dollar Schmerzensgeld für ihr emotionales Trauma zu.

Hobbie, World's Wackiest Lawsuits, S. 45

Mit dem Sportflugzeug ins Nirwana

Die Familien zweier Flieger, die beim Versuch, mit einem Sportflugzeug unter einer Brücke hindurchzufliegen, gestorben waren, reichten 1999 Klage ein. Sie behaupteten, die

Stadt hätte den Unfall verhindern können. Der Pilot und sein Passagier machten einen erfolgreichen Flug unter der South Padre Causeway-Brücke durch, zerschellten aber an ihr beim zweiten Versuch. Es ist erstaunlich, dass sie es beim ersten Mal überhaupt geschafft haben, denn bei der Autopsie wurden Drogen im Blut beider Männer festgestellt. Obwohl das Sportflugzeug einem der Bruchpiloten gehörte, hatte keiner von beiden einen Flugschein.

Ungeachtet dessen haben die Hinterbliebenen der Stadt und ihrem Flughafen vorgeworfen, die Flugtauglichkeit der beiden Männer vor deren Abflug nicht überprüft zu haben.

Die Klage wurde im September 1999 abgewiesen.

Benko, Buy this Book…or We'll Sue You!, S.311

10. Die Kunstfehler-Geldmaschine

Wenn Ärzte verklagt werden

Die Halbgötter in Weiß geben hervorragende Beklagte ab, da sie zu den Besserverdienenden gehören und zudem noch gegen Kunstfehler haftpflichtversichert sind.

Explosiver Furz

Ein 30-jähriger dänischer Mann unterzog sich 2002 im Kjellerups-Krankenhaus einem chirurgischen Eingriff an seinem Hintern. Der Chirurg Dr. Kristensen war dabei, mit einem elektrischen Messer einen Leberfleck zu entfernen, als der Patient einen Darmwind abgehen ließ. Der Furz entzündete sich an dem elektrischen Messer. Seine Genitalien waren vor dem Eingriff mit Alkohol desinfiziert worden und fingen Feuer. »Als ich aufwachte, brannten mein Penis und mein Hodensack wie die Hölle«, sagte er einer dänischen Zeitung. Er verklagte das Kunstfehler-Zentrum wegen der Schmerzen und Leiden sowie des Einkommensverlustes. Er sagte, er sei zusätzliche Zeit arbeitsunfähig und könnte keinen Sex mit seiner Frau haben. Das Krankenhaus war der Auffassung, es sei ein unglücklicher Unfall.

Über den Ausgang des Rechtsstreits ist noch nichts bekannt geworden, aber für den Spott wird der Kläger sicher nicht sorgen müssen.

www.ananova.com/news/story/sm_566545.html

Die verhexte Hand

Thomas Passmore arbeitete 1995 auf einer Baustelle. Auf einmal halluzinierte er, dass er die Zahl 666 auf seiner rechten Hand sehe. Er glaubte dies bedeute, dass er vom Teufel besessen sei. Für den Mann gab es nur einen Ausweg: Er musste die verteufelte Hand möglichst schnell loswerden. An der nächsten Kreissäge trennte er sich die Hand sauber am Handgelenk ab. Die entsetzten Arbeitskollegen sammelten die abgesägte Hand ein und packten sie in Eis. Der Verletzte wurde samt der Hand mit dem Rettungshubschrauber ins nächste Krankenhaus gebracht. Die Ärzte überzeugten den Selbstverstümmeler, sich die Hand wieder annähen zu lassen. Kurz vor der Operation änderte er aber seine Meinung und sagte: »Wenn Sie die Hand wieder annähen, werde ich sie wieder abtrennen«. Aufgrund dieser Äußerung entschieden die Chirurgen, die Wunde am Armstumpf zu vernähen.

Mehrere Monate später änderte der Mann seine Meinung wieder. Jetzt vermisste er seine rechte Hand und verklagte die Ärzte und das Krankenhaus auf 23 Millionen Dollar Schadensersatz. Die Ärzte hätten wissen müssen, so behauptete er, dass er psychotisch und deshalb unfähig gewesen sei, eine richtige Entscheidung zu treffen.

Die Klage wurde abgewiesen. Die Geschworenen meinten, Geisteskrankheit komme nicht Geschäftsunfähigkeit gleich. Trotz seiner Halluzinationen sei der Kläger in der Lage gewesen, die Risiken und Vorteile der Operation abzuwägen. Wenn der Patient zurechnungsfähig ist und eine Entscheidung trifft, haben die Ärzte sich daran zu halten, auch wenn die Entscheidung unvernünftig ist.

Benko, Buy this Book…or We'll Sue You!, S. 249

Ihr Sexleben ist nicht gut? Klagen Sie!

William Stowell, 19 Jahre, ist unzufrieden mit seinem Sexleben. Er hatte erkannt, dass Sex ihm und seinen Partnerinnen mehr Spaß bringen würde, wenn er seine Vorhaut noch hätte. Er war einen Tag nach seiner Geburt im Gute-Samariter-Krankenhaus in New York beschnitten worden. Seine Mutter hatte zwar ein Einwilligungsformular für eine Beschneidung unterschrieben, dies, so behauptet Stowell, habe sie aber unter dem Einfluss von starken Schmerzmitteln getan, die ihr nach dem Kaiserschnitt verabreicht worden waren. Tatsächlich habe sie eine Beschneidung nicht gewollt.

Stowell verklagte das Krankenhaus, weil die Beschneidung ihn »der Freuden des natürlichen, normalen Geschlechtsverkehrs« beraubt habe. Nach einer britischen Studie würde der Geschlechtsverkehr mit einem »anatomisch vollständigen Penis« von den Frauen auch als befriedigender empfunden. Der Kläger forderte für »die unerlaubte Handlung der Körperverletzung« einen Schadensersatz von mindestens 75.000 Dollar.

Über die am 19.12.2000 eingelegte Klage ist bislang noch nicht entschieden worden. Ob der zuständige Richter Vorhaut-Träger ist, ist nicht bekannt.

»Suing over Circumcision«, ABCNews.com, 12.03.2001;
die Original-Klageschrift findet sich unter
www.news.corporate.findlaw.com/hdocs/docs/stowell/stowellcmplt.pdf

Der Fall der verschwundenen Aura

Opal, eine professionelle Wahrsagerin, hätte einen Blick in ihre eigene Zukunft werfen sollen, bevor sie sich für ein paar Untersuchungen ins Krankenhaus begab. Durch das Kontrastmittel, welches ihr für eine Computertomografie injiziert worden ist, fühlte sich ihr Kopf an, als ob er explodieren würde. Erschwerend kam hinzu, dass sie ihre hellseherischen Fähigkeiten verlor. Vor der Computertomografie konnte Opal

Auren lesen, die Zukunft vorhersagen und Séancen abhalten. Sie hat sogar der Polizei bei der Aufklärung von Verbrechen helfen und vermisste Personen finden können. Aber nach der Computertomografie, so Opal, hätte sie jedes Mal, wenn sie versucht hätte, ihre außersinnliche Wahrnehmung zu benutzen, nur Kopfschmerzen bekommen. Sie habe keine andere Wahl gehabt als ihren Beruf als Hellseherin aufzugeben und einen Anwalt anzurufen.

Die Geschworenen haben Opal 600.000 Dollar Schadensersatz zugesprochen. Doch der Richter hat die Klage anschließend abgewiesen, weil es keinen Beweis für übersinnliche Fähigkeiten der Klägerin vor der Computertomografie gab.

Hobbie, World's Wackiest Lawsuits, S. 122

Irresein lohnt sich doppelt

Der Jurastudent Wendell Williamson lief mit einem M1-Gewehr im Januar 1995 Amok. Auf einer belebten Straße in der Nähe der Universität erschoss er grundlos zwei Menschen. Angeklagt wegen Mordes verteidigte er sich damit, dass er an einer paranoiden Schizophrenie leidet und deshalb nicht wusste, was er tat. Die Geschworenen erkannten auf »nicht schuldig« wegen Geisteskrankheit und schickten ihn in die geschlossene Psychiatrie.

Der geistesgestörte Jurastudent war in der Psychiatrie unzufrieden und wollte sein Ungemach zu Geld machen. Deshalb verklagte er den Psychiater Dr. Myron Liptzin vor dem Orange County Superior Court. Dr. Liptzin hatte ihn acht Monate vor der Schießerei behandelt. Williamson brachte vor, der Psychiater habe keine korrekte Diagnose gestellt und ihm auch nicht erklärt, wie ernsthaft krank er sei. Als die Behandlung nach sechs Sitzungen endete und der Psychiater in Ruhestand ging, habe er es versäumt, ihn an einen anderen Arzt weiter zu überweisen. »Die Morde wären nicht geschehen, wenn der Arzt seine Arbeit ordentlich gemacht hätte«, behauptete er.

Für die Geschworenen war es offenbar kein Widerspruch, dass Williamson, wenn er Menschen tötet, geisteskrank ist, wenn er aber Ärzte verklagt, vernünftig, glaubwürdig und sympathisch sein kann. Sie sprachen ihm 500.000 Dollar Schadensersatz zu. Die Geschworenen folgten nicht nur der Argumentation des Klägers, sondern waren zudem der Ansicht, der Psychiater habe den Amoklauf fahrlässig nicht vorhergesehen. Was lernen wir daraus? Einmal dumm gestellt reicht fürs ganze Leben!

William Glaberson, Killer Sues his Therapist and Wins $500.000, The New York Times vom 10.10.1998

11. Verrückte Klagen

Kleine Sammlung der ganz bizarren Fälle

Geisterhäuser, Poltergeister und schwangere 101-jährige Frauen – in manchen Fällen steckt einfach der Wahnsinn.

Das Geisterhaus ist zu gruselig

Cleanthi Peters, 57 Jahre, hat an Halloween 1998 mit ihrer 10-jährigen Enkelin die Universal Studios besucht. Als sie im Geisterhaus war, jagte sie ein Angestellter mit einer Kettensäge, welche allerdings keine Kette hatte, in Richtung Ausgang. Dabei fiel sie hin. Als sie am Boden lag, beugte sich der vermeintliche Kettensägenmörder über sie und ließ die Kettensäge aufheulen. Dies fügte ihr »extreme Angst, Kummer und Seelenqual« zu, heißt es in der Klage, mit der sie 15.000 Dollar Schadensersatz begehrt.

Über den Ausgang des Rechtsstreits ist noch nichts bekannt geworden. Wahrscheinlich ist aber, dass die Klägerin ihr Geld bekommt, da niemand damit zu rechnen braucht, in einem Geisterhaus auch tatsächlich erschreckt zu werden.

www.atra.org/show/6778

Mitverkaufte Poltergeister

Helen Ackley besaß ein Spukhaus und war stolz darauf. In einem Interview mit *Readers Digest* beharrte sie darauf, dass ihr großes viktorianisches Haus von Poltergeistern besessen sei. Als sie ihr Haus zum Verkauf anbot, verschwieg sie diese wenig verkaufsfördernde Tatsache aber geflissentlich. Jeffrey Stambovsky kaufte das Haus für 650.000 Dollar. Er war mit dem Kauf zufrieden, bis er herausfand, dass er in einem Haus lebt, in dem es spukt. Über die zusätzlichen Hausbewohner verärgert, verklagte er die Verkäuferin auf Aufhebung des Vertrags, weil diese ihm die Poltergeister verschwiegen hatte.

Das Supreme Court New York County gab der Klage statt und hob den Kaufvertrag auf. Die Existenz von Geistern in dem Haus, so das Gericht zur Begründung, bedeute, dass die Verkäuferin es vertragswidrig nicht leer stehend übergeben habe. Die Beklagte konnte sich auch nicht mit Erfolg auf den vereinbarten Ausschluss der Gewährleistung berufen, da dieser sich nicht auf übernatürliche Phänomene bezieht.

Stambovsky v. Ackley, 169 A.D.2d 254 (New York Sup. Ct. 1991)

Sex-Anfälle nach Bingo-Unfall

Rentnerin Mary Verdev, 73 Jahre, hat die katholische St. Florians-Kirche in Milwaukee (US-Staat Wisconsin) verklagt, weil ihr 1990 ein 136 Kilo schweres Bingo-Brett auf den Kopf fiel und sie seitdem unter Anfällen von spontanem Orgasmus, manchmal sogar multiplen Orgasmen, leide. Und außerdem fühle sie sich seitdem sexuell zu Frauen hingezogen. Sie forderte 90.000 Dollar für die bisher angefallenen Behandlungskosten sowie Schmerzensgeld in Millionenhöhe. Der Anwalt der St. Florians-Gemeinde, James Green, meinte dazu: »Mary Verdev ist unehrlich. In der modernen Medizin ist bisher kein Fall bekannt geworden, wo eine Beule die sexuelle Orientierung eines Menschen geändert hätte.« Richter Patrick Madden wollte es daher genauer wissen und hat der sittenstrengen Seniorin eine psychologische Untersuchung verordnet. Weil Mary diese Untersuchung verweigerte, wurde ihre Klage im April 1996 abgeschmettert.

Gregory, Presumed Ignorant!, S. 39

Die 101-jährige Briefträgerin: schwanger oder tot?

Im Jahr 1990 erschien die Zeitung *Sun* mit folgender Schlagzeile: »Die älteste Zeitungsausträgerin der Welt, 101, hört auf, weil sie schwanger ist«. In dem Zeitungsartikel heißt es, sie wurde gezwungen ihren Job aufzugeben, weil sie eine außereheliche Affäre auf ihrer Route mit einem Millionär hatte, durch die sie schwanger wurde. Neben dem Text war ein Foto der sexuell aktiven Seniorin abgedruckt. Die ganze Geschichte war natürlich eine Zeitungsente. Echt war allerdings das Foto. Es zeigte Nellie Mitchell, damals 96 Jahre alt, die mit der ganzen Geschichte nichts zu tun hatte. Sie verklagte die Sun wegen Verleumdung auf eine Million Dollar, wobei sie vorbrachte, dass der Artikel und das Foto ihre Privatsphäre verletzt und ihr extreme seelische Schmerzen zugefügt hätten, weil die Leute sie dauernd mit der Frage belästigt hätten, wann endlich ihr Baby geboren wird. Der Redakteur der Sun verteidigte sich in der Gerichtsverhandlung damit, er habe angenommen, dass Mitchell bereits tot sei.

Das Gericht erkannte auf den begehrten Schadensersatz von einer Million Dollar. Mitchell ist 1998 als reiche Frau im gesegneten Alter von 103 Jahren gestorben.

Gregory, Presumed Ignorant!, S. 49

Versichert rauchen macht reich

Ein Mann in North Carolina kaufte sich eine Schachtel mit 24 sehr teuren Zigarren. Tatsächlich waren sie so teuer, dass er sie versicherte, unter anderem auch gegen Feuer. Nachdem er die Zigarren aufgeraucht hatte, erhob er Klage gegen die Versicherungsgesellschaft, worin er angab, die Zigarren seien »in einer Serie von kleinen Feuern« vernichtet worden. Er forderte die Versicherungssumme von 15.000 Dollar. Die Versicherung verweigerte die Zahlung mit der Begründung, der Kläger habe die Zigarren ganz normal aufgeraucht.

Der Richter stellte nüchtern fest, dass der Kläger eine gültige Versicherungspolice für die Zigarren besaß und diese auch gegen Feuer versichert waren. Einen Haftungsausschluss für selbst verursachte Feuer enthielt die Police nicht. Die Versicherung sah dies ein, teerte und federte ihren Hausjuristen, der den Vertrag entworfen hatte und zahlte die 15.000 Dollar an den Kläger.

Der Mann konnte sich aber nicht lange an dem Geld erfreuen, denn er wurde wegen Brandstiftung in 24 Fällen verhaftet. Aufgrund seiner eigenen Zivilklage und seiner Aussage in der Zivilverhandlung wurde er schuldig gesprochen, sein versichertes Eigentum absichtlich angezündet zu haben und damit zu zwei Jahren Gefängnis sowie 24.000 Dollar Geldstrafe verurteilt.

Oliver, DisOrder in the Court, S. 123

Die Silvester-Kerze

Eine Putzfrau aus Michigan klaute aus einer Eigentumswohnung, die sie reinigte, etwas, dass sie für eine Dekorationskerze hielt. Während eines Abendessens mit Freunden im Restaurant zündete sie die Kerze an. Die vermeintliche Kerze war in Wirklichkeit ein großer Feuerwerkskörper, der explodierte. Die Frau wurde verletzt und verklagte die Wohnungsbesitzer auf 25.000 Dollar Schadensersatz, weil diese den Feuerwerkskörper ohne Warnhinweis hinterlassen hatten. Die Beklagten erwiderten, jemand habe den Böller auf einer Party bei ihnen liegen lassen und sie hätten ihn im Schrank vor den Kindern versteckt.

Der Richter des Ottawa County Court wies die Klage im Juni 2000 mit der Begründung ab, die stehlende Klägerin habe die Explosion selbst verschuldet.

Benko, Buy this Book…or We'll Sue You!, S. 33

10 Millionen für falsche Wettervorhersage?

Charles Cobb wurde im Juni 1997 bei einer Angeltour von einem Sturm überrascht, aus dem Boot geschleudert und ertrank. Zuvor hatte er sich die Wettervorhersage im *Weather Channel* angesehen, in der ein Sturm nicht prognostiziert worden war. Die Hinterbliebenen verklagten den *Weather Channel* auf zehn Millionen Dollar Schadensersatz. Sie behaupteten, Cobb habe sich auf die sturmfreie Wettervorhersage verlassen.

Der Richter James Paine wies die Klage ab. Der Wetterkanal kann nicht für den Tod von Cobb verantwortlich gemacht werden. Es ist allgemein bekannt, dass für Wettervorhersagen in den Massenmedien generell keine Haftung übernommen wird.

www.neworegontrail.com/suit.htm

12. Liebeskummer kann sich auszahlen

Enttäuschte Liebe als Klagegrund

Verletzte Gefühle schreien geradezu danach, mit gerichtlicher Hilfe in Geld umgewandelt zu werden.

Der verschwiegene Lottogewinn

Michele war mit Bill 25 Jahre lang verheiratet. Sie schockierte ihren Mann, als sie plötzlich die Scheidung verlangte. Und sie wollte sie schnell. Michele hatte 1,3 Millionen Dollar in der Kalifornischen Lotterie gewonnen, was sie vorzog für sich zu behalten.

Mehr als zwei Jahre nach der Scheidung landete ein fehlgeleiteter Brief in Bills Briefkasten. Durch diesen fand er heraus, dass seine Ex-Frau 1.336.000 Dollar, zahlbar in jährlichen Raten von 66.800 Dollar, gewonnen hatte. Michele hatte die Lotto-Schecks zur Verschleierung an die Adresse ihrer Mutter schicken lassen.

Bill klagte darauf, die jährlichen Zahlungen anhalten zu lassen, weil Michele das Geld gewonnen hatte, während sie noch verheiratet waren und ihm daher die Hälfte davon zustehe.

Der Richter stellte fest, dass Michele betrügerisch gehandelt habe, als sie versuchte, den Lottogewinn absichtlich vor ihrem Mann geheim zu halten. Sie habe zudem gegen Offenlegungsvorschriften verstoßen. Der Richter machte kurzen Prozess mit der unehrlichen Lottogewinnerin und sprach dem Ehemann gleich den gesamten Gewinn zu.

Oliver, DisOrder in the Court, S. 103

Die Geliebte muss bluten

Candi und Gary Vessel waren lange Jahre glücklich verheiratet und hatten drei Kinder. Eines Tages fand die Ehefrau heraus, dass ihr Mann eine Affäre mit Cathy Nolen hat. Sie stellte ihn zur Rede, woraufhin er die Scheidung einreichte und zu seiner Geliebten zog. Candi Vessel fand, jemand müsse für das Zerstören ihrer Ehe bezahlen. Normalerweise muss der untreue Ehemann durch horrende Unterhaltszahlungen dafür büßen. Doch Candi war kreativ und verklagte stattdessen die Geliebte.

Nach einem Gesetz aus dem 18. Jahrhundert kann ein Ehezerstörer dafür zur Verantwortung gezogen werden, dass er den Ehemann bzw. die Ehefrau dem anderen Ehegatten entfremdet. Die Vorschrift über die Entfremdung von Ehegatten steht noch in neun US-Bundesstaaten in den Gesetzesbüchern, wurde aber seit Jahrzehnten nicht mehr angewandt.

Als Beweise legte die Klägerin dem Gericht mehrere eindeutige Liebesbriefe der beiden vor, darunter auch Fotos mit der halb nackten Geliebten. Diese schrieb unter anderem: »Das Lesen deiner Briefe weckt den Wunsch nach einem Orgasmus in mir. Wir sollten Telefonsex machen, das würde Spaß bringen«.

Im Februar 2000 erkannten die Geschworenen der betrogenen Ehefrau 500.000 Dollar für ihren verletzten Stolz zu.

ABCNews.com, 27.04.2000

Der Liebhaber darf verprügelt werden

Ein Ehemann hatte den Verdacht, dass seine Frau fremd geht. Während sie ihn in der Nachtschicht wähnte, kam er kurz vor drei Uhr morgens unerwartet nach Hause und fand seinen Verdacht bestätigt: Im ehelichen Schlafzimmer erwischte er seine Frau mit ihrem Liebhaber in flagranti. Der Ehemann prügelte den Geliebten krankenhausreif. Dieser erlitt Prellungen, Platzwunden und eine Wadenbeinfraktur. Der Hausfreund verklagte den gehörnten Ehemann auf ein Schmerzensgeld von mindestens 500 Euro.

Die Schmerzensgeldklage wurde in beiden Instanzen abgewiesen. Der Liebhaber hat die eingesteckten Prügel dadurch in erheblichem Maß selbst verursacht, dass er nicht nur mit der Ehefrau des Beklagten fremd ging, sondern dies auch noch im ehelichen Schlafzimmer geschah. Das Landgericht Paderborn führt weiter aus:

»Der Schmerzensgeldanspruch dient grundsätzlich nicht dem Zweck, demjenigen, der in eine fremde Ehe eindringt, hierbei im ehelichen Schlafzimmer in flagranti gestellt wird und sich dann einem nach den Umständen zu erwartenden körperlichen Angriff des Ehemannes ausgesetzt sieht, hierfür noch eine Genugtuung in Form eines Schmerzensgeldes zu verschaffen«.

Urteil des Landgerichts Paderborn vom 12.10.1989, Aktenzeichen 1 S 197/89, veröffentlicht in NJW 1990, S.260

13. Der Sachschaden am Vierbeiner

Tiere vor Gericht

Tiere gehören zu den wahren Anarchisten auf dieser Erde, da sie nicht lesen können. Die zahlreichen Gesetze, die ihr Verhalten steuern sollen, kennen sie überhaupt nicht und können deshalb ihre Triebe völlig ungehemmt ausleben. Für viele Menschen ist das Haustier zudem wertvoller als der eigene Ehegatte. So ist es kein Wunder, dass rigoros auf hohe Beträge geklagt wird, wenn dem besten Freund et*was passiert.*

Nacktbaden mit Killerwal

Daniel Dukes, 27 Jahre, versteckte sich im Sea World Park in Florida, um nach der Parkschließung mit den Walen zu schwimmen. Er stieg zu dem größten Orca mit dem Namen Tillicum ins mit 10 °C kaltem Salzwasser gefüllten Becken. Der fünf Tonnen schwere Killerwal hielt Dukes für ein Spielzeug und freute sich über die nächtliche Abwechselung. Am nächsten Morgen wurde Dukes nackt und tot auf dem Rücken des Wals gefunden. Todesursache war Unterkühlung und Ertrinken.

Seine Eltern verklagten Sea World im September 1999 auf 60 Millionen Dollar Schadensersatz. Ihr Anwalt war der Ansicht, der Park sei verantwortlich für den Unfall, weil sie Tillicum »als knuddeligen, küssbaren, menschenliebenden, freundlichen und Ich-lass-Dich-auf-meinem-Rücken-reiten-Wal« dargestellt haben. Sea World fand, dass die Fakten für sich selbst sprechen. Der Mann habe sich nachts unerlaubt in dem Park aufgehalten, zwei Absperrungen überklettert, sich ausgezogen und sei zu dem fünf Tonnen schweren Killerwal ins 10 °C kalte Wasser gesprungen. »Dies zu tun war eine unglaublich törichte Entscheidung«, sagte der Manager von Sea World.

Die Kläger haben einen Monat später offensichtlich begriffen, dass Orcas nicht grundlos Killerwale genannt werden und ihre Klage zurückgezogen.

Benko, Buy this Book...or We'll Sue You!, S.336

Sorgerecht für Pudel

Zwei geschiedene Eheleute stritten um das »Sorgerecht« für den Pudel W. Zwar stellte das Gericht fest, dass ein Hund, wie eine Sache, nach der Hausratsverordnung bei einer Scheidung einem der beiden Partner zugeteilt werden könne, dabei müsse jedoch auf seine Gefühle Rücksicht genommen werden. Nachdem ein tierpsychologischer Sachverständiger hinzugezogen worden war, brachte das Gericht es nicht mehr übers Herz, den bei der Ehefrau lebenden Pudel W. dem Ehemann zuzuteilen und ihn dadurch zu entwurzeln. Nach eingehender Prüfung der seelischen Befindlichkeit des Hundes, dieser hatte dem Ehemann in der Gerichtsverhandlung mehrfach freudig das Gesicht abgeleckt, glaubte der Richter es aber verantworten zu können, dass Begegnungen zwischen Pudel und Herrchen jeden 1. und 3. Donnerstag des Monats von 14-17 Uhr stattfinden.

Diese Lösung hatte der Richter den Umgangsregelungen abgeguckt, die sonst bei Kindern angewendet werden.

Amtsgericht Bad Mergentheim, Beschluss vom 19.12.1996, Aktenzeichen 1 F 143/95, veröffentlicht in NJW 1997, S.3033

Verklag doch jemand anderes!

Eine Frau aus New Hampshire besuchte 1996 einen Freund in seiner Wohnung. Während sie plauderten, sprang der Pit Bull des Mieters auf die Frau und biss sie zahlreiche Male in die Arme und Beine. Die Behandlungskosten des Opfers beliefen sich auf 40.000 Dollar. Aber verklagte sie ihren Freund, den Besitzer des bösartigen Hundes? Nein, sie verklagte stattdessen seinen Vermieter, weil dieser Haustiere erlaubt hatte.

Noch verwunderlicher war die Tatsache, dass die Jury der misshandelten Frau 2,1 Millionen Dollar zuerkannte.

Benko, Buy this Book...or We'll Sue You!, S. 7

Das leere Hundegrab

Es war ein trauriger Tag für Joyce Walp und Michael Bachmann, als ihr zehnjähriger englischer Schäferhund, Ruffian, starb. Sie brachten ihn zur Beerdigung zum Long Island Tierfriedhof. Sie zahlten 1.083 Dollar für einen Grabstein, die Beerdigung und die Abmachung, dass der Hund seine rosa Decke, seine Spielzeuge und sein Halsband mit in den Sarg auf seinem Weg in den Himmel bekommt.

Zwei Jahre später begannen Walp und Bachmann sich Sorgen zu machen als sie hörten, dass die Besitzer des Tierfriedhofs des Betruges angeklagt waren. Es wurde berichtet, sie hätten 250.000 Haustiere in Massengräbern entsorgt. Das Paar exhumierte den Sarg. Dieser war leer, weder Schäferhund noch Decke, Spielzeug und Halsband lagen darin. Die ehemaligen Hundebesitzer waren entsetzt und suchten zunächst die Psychotherapie und dann einen Anwalt auf. Sie verklagten den Tierfriedhof auf zehn Millionen Dollar.

Das New York State Supreme Court sprach ihnen 1992 1,2 Millionen Dollar für den Verlust der Hundeleiche zu, was in etwa einem Kilopreis von 50.000 Dollar entspricht. Da mag man sich gar nicht vorstellen, wie teuer es geworden wäre, wenn dem Hund zu Lebzeiten etwas zugestoßen wäre.

Kohut, So Sue Me!, S. 143

Deckakt durch Bastard-Rüden

Die Klägerin ist Eigentümerin einer reinrassigen Chow-Chow-Zuchthündin, die Beklagte ist Halterin eines Bastard-Rüden (Kreuzung zwischen Boxer und Schäferhund). Bei einem weihnachtlichen Spaziergang hat der Rüde die angeleinte Hündin besprungen und gegen den Widerstand der Klägerin erfolgreich gedeckt. Letztgenannte verlangt von der Beklagten Ersatz der Tierarztkosten für den Schwangerschaftsabbruch sowie für den entgangenen Verdienst aus dem Verkauf eines Wurfes reinrassiger Chow-Chow-Welpen.

Die Klage wurde in allen Instanzen abgewiesen. Rechtlich ist der unerwünschte Deckakt als Sachbeschädigung i.S.d. § 833 BGB anzusehen. Allerdings trifft die Halterin einer läufigen Hündin ein so erhebliches Mitverschulden, dass sie keinen Schadensersatz verlangen kann: *»Der von läufigen Hündinnen ausgehende Duft übt auf ihre männlichen Artgenossen selbst auf weite Entfernungen noch einen Reiz aus und lockt sie an, so dass sie ihnen mit beharrlicher Ausdauer folgen. Der Deckakt des männlichen Hundes ist daher nichts anderes als die Resultante der jeweiligen Triebkonstellation von Hündinnen und Rüden, so dass dadurch verursachte Schäden als Wirklichkeit gewordene Tiergefahr angesehen werden müssen.«* Die läufige Hündin hat die Gefahr ihrer Sachbeschädigung mittels eines ungewollten Deckungsaktes durch ihren verlockenden Duft also selbst heraufbeschworen.

Urteil des Bundesgerichtshofs vom 06.07.1976,
Aktenzeichen VI ZR 177/75, veröffentlicht in BGHZ 67, S.129

Katzensturz durch Fax

Der Kläger machte geltend, dass durch das zur Nachtzeit eingehende Faxschreiben der Beklagten sein Telefon geläutet habe, er aus dem Schlaf gerissen und zum Telefon geeilt sei, wodurch die Katze vor Schreck vom Kratzbaum fiel und sich dabei schwer verletzte. Die hohe Tierarztrechnung will er ersetzt haben.

Die Klage wurde abgewiesen. Zwischen dem nächtlichen Eingang eines Fax und der Verletzung einer, durch eine Reaktion des Angerufenen, aufgeschreckten Katze besteht nicht der erforderliche Kausal- bzw. Zurechnungszusammenhang. Das Gericht hielt den »Fall der schreckhaften Katze« für eine Verkettung von unglücklichen Umständen.

Urteil des Amtsgerichts Regensburg vom 16.03.1999, Aktenzeichen 4 C 4376/98, veröffentlicht in NJW 2000, S. 1047

Die verschwundene Miezekatze

Andrew Wysotski und Lori Learmont flogen mit ihren fünf Katzen von Toronto nach San Francisco. Bei der Ankunft mussten sie feststellen, dass in einem der drei Transportkäfige ein großes Loch war. Die 14-jährige Katze mit dem Namen Fu fehlte. Sie konnte auf dem Flughafen bis heute nicht wieder gefunden werden.

Am 23.08.2002 legten sie Klage gegen Air Canada ein. Sie behaupten, die Transportkäfige seien in San Francisco nicht wie vereinbart per Hand ausgeladen, sondern auf einer steilen Rampe aus dem Flugzeug befördert worden. Auf dieser hätten die Käfige stark beschleunigt, seien dann auf dem Boden aufgeprallt und hierdurch beschädigt worden. Die Kläger sind der Meinung, ihnen stehe als Schadensersatz für den Verlust ihrer Lieblingsmuschi fünf Millionen Dollar zu.

Über die Klage ist noch nicht entschieden worden.

Die Original-Klage kann unter www.aircanadaanimalabuse.com/complaint.html nachgelesen werden.

14. Nicht jedes Produkt hält, was es verspricht

Absurde Produkthaftungsfälle

Mancher Konsument glaubt tatsächlich immer noch, was die Werbung verspricht und ist enttäuscht, wenn die neu erstandene Ware ihn nicht reich, schön und sexy macht. Das ist die Gelegenheit für einen neuen Rechtsstreit!

Rauch Dich reich!

Ein Gericht in Los Angeles hat im Oktober 2002 das Tabak-Unternehmen Philip Morris dazu verurteilt, 28 Milliarden Dollar Schadensersatz an eine 64-Jährige zu zahlen, die an Lungenkrebs leidet. Die Klägerin Betty Bullock machte den Konzern für die gesundheitlichen Folgen ihres jahrelangen Genusses der Krebsstäbchen verantwortlich. Mit 17 habe sie angefangen zu rauchen, jetzt sei Lungenkrebs festgestellt worden. Philip Morris habe es versäumt, sie vor den Risiken des Rauchens zu warnen, gab sie an. Eine Argumentation, der die Geschworenen in Los Angeles offenbar folgten. Das Gericht hatte Philip Morris zuvor bereits zu einer Schadensersatzzahlung über 850.000 Dollar an die Frau aus Newport Beach in Kalifornien verurteilt. Bei der jetzt von der Jury angeordneten Strafe von 28 Milliarden Dollar handelte es sich um keinen Druckfehler, sondern um einen so genannten Strafschadensersatz (»Punitive Damages«). Er wurde als zusätzliche Buße verhängt, um die Unternehmen von weiteren Vergehen abzuschrecken. Der Sargnagel-Fabrikant fand das etwas zu happig und hat Berufung eingelegt.

Vgl. Anthony Sebok, The $28 Billion verdict against Philip Morris, www.writ.findlaw.com/sebok/20021007.html

Verhütungsmittel als Brotaufstrich

Frau Chyton aus Philadelphia, ein ehemaliges Fotomodel und Cheerleaderin, wollte sich mit einem Verhütungsmittel vor einer ungewollten Schwangerschaft schützen. Die Frau kaufte sich 1997 eine Tube Verhütungsgelee in der Apotheke und benutzte es jedesmal vor dem Sex. In der Gebrauchsanleitung war zu lesen, dass die *Contraceptive Jelly* vaginal in Verbindung mit einem Kondom benutzt werden sollte. Trotzdem wurde sie schwanger. Sie hatte es fertig gebracht, den Begriff *Jelly* in der sehr amerikanischen Bedeutung des Wortes als Marmelade zu interpretieren, sich das Gelee aufs Toastbrot geschmiert und gegessen. Sie verklagte dann die Apotheke, die ihr das Verhütungsmittel verkauft hatte, weil es sie nicht vor einer Schwangerschaft geschützt habe.

»Die Firma hätte es anders nennen müssen und die Apotheke hätte es nicht verkaufen dürfen, ohne dem Käufer mitzuteilen, dass es zu essen dich nicht davor schützt, schwanger zu werden«, sagte sie Reportern. Auf die Gebrauchsanleitung angesprochen meinte sie: »Wer hat denn schon die Zeit herumzusitzen und Anleitungen zu lesen, besonders wenn man sexuell erregt ist.«

Der Anwalt der Frau behauptete, seine Mandantin sei auf der Grundlage von irreführender Werbung und wahrheitswidriger Produktbeschriftung belogen und betrogen worden. Mit der Klage fordert sie 500.000 Dollar.

Bisher gibt es keine Neuigkeiten über den Ausgang des Rechtsstreits. Amerikanische Rechtsexperten sind jedoch der Auffassung, dass sie eine ausgezeichnete Chance hat, den Prozess zu gewinnen.

Benko, Buy this Book...or We'll Sue You!, S. 84

Bier macht sexy

In Werbespots über *Budweiser light* wurde gezeigt, wie leicht Männer Frauen aufreißen können, wenn sie das richtige Bier trinken. Ein Mann nahm dies ernst und verklagte die amerikanische Brauerei Anheuser-Busch auf 10.000 Dollar wegen irreführender Werbung. Der Kläger behauptete, an schweren körperlichen und seelischen Schäden zu leiden, da er auch nach Genuss des Bieres kein Erfolg bei Frauen hatte, obwohl ihm die Werbung Gegenteiliges versprach.

Der Klage wurde nicht stattgegeben.

Percelay, Whiplash!, S. 13

Tödliches Nintendo-Spiel

Benjamin Walker aus Louisiana war 30 Jahre alt, arbeitslos und wohnte bei seiner Mutter. Im Mai 1999 kaufte er sich ein Nintendo 64 samt zehn Spielen. Er spielte fortan sechs Tage in der Woche jeweils acht Stunden Nintendo. Im September 1999 erlitt er beim Spielen seinen ersten epileptischen Anfall. Es folgten fünf weitere. Am 22.01.2001 folgte der letzte Anfall. Der Nintendojunkie wurde beim Spielen ohnmächtig, fiel nach vorne und schlug mit dem Kopf auf dem Tisch auf. Er zog sich dadurch eine schwere Kopfverletzung, den Verlust einiger Zähne und mäßige Blutungen zu. Am 26.01.2001 starb er im Krankenhaus.

Seine Mutter, Esther Walker, verklagt daraufhin Nintendo of America. In ihrer Klage trug sie vor, dass das Nintendo-Spiel die Anfälle ihres Sohnes verursacht habe. Nintendo habe ein fehlerhaftes Produkt hergestellt, es aber unterlassen, vor dessen gesundheitlichen Gefahren zu warnen. Das Unternehmen hat jede Verantwortung abgestritten.

Esther Walker klagte auf unbezifferten Schadensersatz für Behandlungs- und Beerdigungskosten, mentale und emotionale Schmerzen sowie zukünftige Einkommensverluste ihres Sohnes. Welches Einkommen ein 30-jähriger Arbeitsloser, der 48 Stunden pro Woche Nintendo spielt, nun nicht mehr erzielen kann, verriet die Klägerin allerdings nicht.

Eine Entscheidung über diese Klage steht noch aus.

www.power-of-attorneys.com/stupid_lawsuit_month.asp

Wie viel Baum kann ein Schutzhelm aushalten?

Ein Holzfäller aus Washington wurde getötet, als ihm ein riesiger Redwood-Baum auf den Kopf fiel. Den Hinterbliebenen kam eine raffinierte Idee, um von dem Tod des Holzfällers zu profitieren: Sie verklagten 1996 den Hersteller des vom Holzfäller getragenen Schutzhelms. Sie behaupteten, das Produkt müsse mangelhaft gewesen sein, weil es dem Holzfäller keinen ausreichenden Schutz gab – gegen einen 200 Tonnen schweren Baum!

Obwohl man es kaum glauben möchte, sprach die Jury den Klägern 670.000 Dollar zu.

Benko, Buy this Book...or We'll Sue You!, S. 83

15. Erst kracht es, dann regnet es Geld

Gewinnbringende Verkehrsunfallklagen

Im Straßenverkehr geschehen besonders viele Unfälle mit Sach- und Personenschäden. In den Vereinigten Staaten gibt es sogar schon »Ambulance Chaser«, das sind Anwälte, die nach einem Unfall dem Rettungswagen ins Krankenhaus folgen, um den Schwerverletzten zur Klageerhebung zu überreden. So ist gewährleistet, dass wirklich aus jedem Unfall auch ein Prozess wird.

Homosexuell durch Verkehrsunfall

Tim, 27 Jahre, aus Michigan war bis zu dem Verkehrsunfall, ein Lkw fuhr ihm hinten auf, glücklich verheiratet. Er behauptete, er sei durch den Autounfall homosexuell geworden. Der Mann verklagte den Inhaber der Spedition auf 200.000 Dollar Schadensersatz. Er brachte vor, durch den Unfall sei er unfähig geworden, eine normale sexuelle Beziehung mit seiner Frau zu führen. Er habe sie deshalb verlassen, sei zu seinen Eltern gezogen und habe begonnen Schwulenbars zu besuchen und sich für homosexuelle Literatur zu interessieren. Der Anwalt des Beklagten argumentierte, ein Verkehrsunfall, insbesondere wenn es keine Verletzungen gab, könne nicht die Sexualität einer Person ändern.

Tim wurden aber vom Gericht die begehrten 200.000 Dollar zugesprochen. Zusätzlich bekam seine Frau 25.000 Dollar für die »sexuelle Funktionsstörung« ihres Mannes. Falls Tim durch seine Homosexualität eines Tages vielleicht noch ungeahnte Freuden erleben sollte, kann er ja vielleicht einen Teil zurückzahlen.

Oliver, DisOrder in the Court, S. 19

295 Millionen Dollar für Dachschaden

Juan Romo war 1993 mit seiner Familie in der Nähe von Sacramento in einem Geländewagen vom Typ Ford Bronco unterwegs. Der Wagen überschlug sich und das Dach wurde eingedrückt. Drei Insassen starben, zwei wurden schwer verletzt. Die Hinterbliebenen haben den Autohersteller Ford verklagt, denn der Ford Bronco von 1978 hatte ein Fiberglasdach und keine Überrollbügel, weshalb er fehlerhaft konstruiert sei. Bei Unfällen werde der Wagen so extrem zusammengedrückt, dass die Insassen keine Überlebenschance hätten. Die Kläger warfen Ford vor, von der Schwäche der Dachkonstruktion seit langem gewusst zu haben. Trotzdem sei der Ford Bronco weiter verkauft worden.

Die Jury sprach den Hinterbliebenen fünf Millionen Dollar Schadensersatz sowie zusätzlich 290 Millionen Dollar Strafschadensersatz zu. Das Gericht befand Fords Verhalten für verachtenswert und gab zu verstehen, dass Ford ein »Killer-Auto« gebaut habe. Dieser Rekordschadensersatz wurde im Oktober 2002 vom California Supreme Court aufrecht erhalten. Der Imageverlust dürfte bei Ford aber noch um einiges höher zu Buche geschlagen haben.

Spiegel Online 24.10.2002; Ford, Rekordstrafe für tödlichen Dachschaden, www.spiegel.de/wirtschaft/0,1518,219635,00.html

Der lukrative Selbstmordversuch

Eine 38-jährige Frau aus New York hatte genug von ihrem Leben und legte sich zum Sterben auf die U-Bahngleise. Die herannahende U-Bahn tötete sie jedoch nicht, sondern verstümmelte sie nur schwer. Die Frau, immer noch depressiv, jetzt aber zusätzlich verkrüppelt, verklagte das Verkehrsunternehmen auf Schadensersatz für die erlittenen Verletzungen in Millionenhöhe.

Die Geschworenen sprachen ihr 14,1 Millionen Dollar zu. Der Richter reduzierte diese Summe auf 9,9 Millionen

Dollar, er meinte, dass die Selbstmörderin ein dreißigprozentiges Mitverschulden an dem Unfall träfe.

The New York Times vom 25.06.2002

Das doppelte Betrunkenen-Dilemma

Beide Insassen eines Autos waren so betrunken, dass keiner von ihnen wusste, wer gefahren war, als sie in San Francisco verunfallten. Aber Gordon, durch den Unfall verkrüppelt, verklagte nichtsdestoweniger Gloria, die andere Insassin. Es war ihr Auto und er war sich ziemlich sicher, dass sie gefahren sei, als es zum Unfall kam. Gloria aber hatte den Beamten am Unfallort gesagt, Gordon sei gefahren.

Das Gericht glaubte Gordon und sprach ihm drei Millionen Dollar Schadensersatz zu.

www.2scamu.com/looneylawsuits6.html

Der Fahrer hat immer Recht

Es kam zu einem Verkehrsunfall zwischen dem Auto des Klägers und dem des Beklagten. Der Kläger verlangte Schadensersatz. Die Klage stützte sich im Wesentlichen auf die Aussage des Fahrers des klägerischen Fahrzeugs, was das erkennende Gericht zum Anlass nahm, einmal mächtig Dampf abzulassen:

»Das Gericht war in seiner Praxis schon mit ca. 2.000 Straßenverkehrsunfällen beschäftigt und hat es noch niemals erlebt, dass jemals einer der beteiligten Fahrer schuld gewesen wäre. Es war vielmehr immer so, dass jeweils natürlich der andere schuld gewesen ist. Bekanntlich sind Autofahrer ein Menschenschlag, dem Fehler grundsätzlich nie passieren, und wenn tatsächlich einmal ein Fehler passiert, dann war man es natürlich nicht selbst, sondern es war grundsätzlich der andere.

Das Gericht hat es auch noch nie erlebt, dass jemals ein Fahrer, der als Zeuge oder Partei vernommen wurde, eigenes Fehlverhalten eingeräumt oder zugestanden hätte. Wenn dies doch einmal tatsächlich passieren sollte, dann müsste man schlicht von einem

Wunder sprechen. Wunder kommen aber in der Regel nur in Lourdes vor, wenn beispielsweise ein Blinder wieder sehen kann oder ein Lahmer wieder gehen kann. In deutschen Gerichtssälen passieren sie so gut wie nie, am allerwenigsten in den Sitzungssälen des Amtsgerichts München.

Aus dem vorstehend Gesagten vermag nun der unbefangene Leser des Urteils schon unschwer erkennen, was die Zeugenaussage eines Fahrers eines unfallbeteiligten Fahrzeuges vor Gericht wert ist: nämlich gar nichts.«

Die Klage wurde abgewiesen.

Urteil des Amtsgerichts München vom 11.11.1986,
Aktenzeichen 28 C 3374/86, veröffentlicht in NJW 1987, S.1425

KlagoCard®

und der Anwalt klagt sofort!

- Mit einer Rechtsschutzversicherung brauchen Sie sich nichts mehr gefallen lassen.
- Prozessieren durch alle Instanzen ohne Kostenrisiko.
- Deckungszusagen auch bei fehlender Erfolgsaussicht.
- Bestechungsgelder für Zeugen, Sachverständige und Richter bis zu 50.000 EUR inklusive.

KlagoCard® ist Anwalts Liebling

16. Pauschalurlaub zum Nulltarif

Klagen rund ums Reisen

Reisen sind teuer und nicht immer entspricht die Wirklichkeit der Katalogidylle. Unerfahrene Urlauber grämen sich dann. Der erfahrene Urlauber aber freut sich, weil sich aus der Behauptung von Reisemängeln Kapital schlagen lässt.

Der Vibrator im Koffer

Renee Koutsouradis, 36 Jahre, aus Florida saß in Dallas bereits im Flugzeug und wartete auf den Start, als sie über Lautsprecher ausgerufen wurde. Auf dem Rollfeld wurde ihr von einem Sicherheitsbeamten vorgehalten, dass etwas in ihrem Koffer vibriert. Sie sagte dem Beamten, es handelt sich um ein »Erwachsenenspielzeug«. Sie musste ihren Koffer trotzdem öffnen, den Vibrator herausnehmen und ihn für eine volle Minute den Sicherheitskräften zeigen. Nachdem der Zitterkolben als ungefährlich eingestuft worden ist, durfte sie ihn wieder einpacken und zu ihrem Sitzplatz im Flugzeug zurückkehren.

Sie verklagte daraufhin Delta Air Lines wegen »öffentlicher Demütigung« auf unbezifferten Schadensersatz von mindestens 15.000 Dollar. Nach der Klageschrift hätten die Flugzeugpassagiere das Herausholen des Sexspielzeugs sehen können. Zudem hätten drei männliche Delta-Angestellte hysterisch angefangen zu lachen sowie anstößige und sexuell belästigende Bemerkungen gemacht.

Über die Klage ist noch nicht entschieden worden. Die Klägerin wird sich vermutlich ein Mitverschulden anrechnen lassen müssen. Jede erfahrene Frau weiß doch, dass diese Dinger total empfindliche Schalter haben.

The Miami Herald vom 27.07.2002

Vergessenes Anschnallzeichen bringt zwei Millionen

Ein Flugzeug der American Airlines kam 1995 in der Nähe von Minneapolis in ein Gewitter. Das Anschnallzeichen war aus. Dem Flugzeug war das egal, es geriet trotzdem in Turbulenzen und einige Passagiere erschreckten sich sehr. Unangeschnallte Passagiere wurden aus ihren Sitzen gehoben. Ernsthaft verletzt wurde aber niemand. Das Flugzeug machte eine Notlandung in Chicago.

Mit der Klage brachten dreizehn durchgeschüttelte Passagiere vor, dass American Airlines das Anschnallzeichen nicht angeschaltet hatte, obwohl ihr eine Sturmwarnung vorlag. Einige von ihnen hätten Todesängste ausgestanden. Die Turbulenz dauerte nach Darstellung der Kläger 28 Sekunden, nach der der Fluglinie fünf bis acht Sekunden.

Den Klägern sind von der Jury zwei Millionen Dollar für die ausgestandenen Ängste zuerkannt worden. Jeder Kläger erhielt damit etwa 150.000 Dollar für einen nicht einmal eine halbe Minute langen Schrecken, die sich wiederum erfolgreich in Flugtickets reinvestieren lassen.

www.power-of-attorneys.com/stupid_lawsuit_detail.asp?stupid_ID=15

Pauschalreise mit Haarfärbung inklusive

Die Tochter der Klägerin hatte ein Bad im hoteleigenen Swimming-Pool genommen. Als sie aus dem Wasser stieg, musste sie feststellen, dass sich ihre blonden Haare grün gefärbt hatten. Wie war das möglich? Die Beweisaufnahme anhand der Zeugenaussagen anderer betroffener Frauen ergab, dass das Hotelpersonal das Wasser zu stark chloriert hatte. Der Richter ging von einem Mitverschulden der entstellten Frau aus, da sie keine Badekappe getragen hatte. Gleichwohl gelangte er in seinem Urteil zu einer Reisepreisminderung von 10 Prozent. Ein zusätzlicher Schmerzensgeldanspruch wurde der jungen Grün-Blondine allerdings versagt, da »junge Frauen ihr Haar oft in allen schillernden Farben färben lassen«. Wäre sie älter gewesen, hätte sich da vielleicht noch etwas machen lassen.

Urteil des Amtsgerichts Bad Homburg vom 30.06.1998, Aktenzeichen 2 C 109/97-10, veröffentlicht in NJW-RR 1999, S.56

Kakerlaken sind possierliche Tierchen

Die Kläger haben nach einem Urlaub in Tunesien von der beklagten Reiseveranstalterin Schadensersatz für Kleidungsstücke verlangt, weil im Hotelzimmer Kakerlaken über die Kleidungsstücke gelaufen sind und diese deshalb von den Klägern »weggeworfen werden mussten«.

Das Gericht hat die Klage mit folgender Begründung abgewiesen:

»Die Kläger durften Kleidungsstücke und Schuhe nicht wegwerfen, nur weil diese in Berührung mit Kakerlaken gekommen waren. Denn in Tunesien gehören Kakerlaken zu den Haustieren und treten in allen Hotels einschließlich der Spitzenhotels auf, was nicht zu verhindern ist. Es ist bisher noch kein anderer Reisender nachweislich auf die Idee gekommen, Kleidungsstücke einfach wegzuwerfen, weil einige Kakerlaken damit Kontakt hatten. Wenn sich die Kläger vor den Kakerlaken geekelt haben, dann hätten sie ihre Kleidungsstücke waschen können, aber es bestand überhaupt keine Veranlassung, Kleidungsstücke wegzuwerfen. Wenn die Kläger den Kakerlaken aus dem Weg gehen wollten, dann hätten sie nicht nach Tunesien reisen dürfen, zumal sie offensichtlich überempfindlich sind.«

Richter gehören offensichtlich zu den wenigen Juristen, die auch mal in den Urlaub fahren und selbst etwas von der Welt gesehen haben.

Urteil des Amtsgerichts Bad Homburg vom 21.11.1995, Aktenzeichen 2 C 3308/95-10, veröffentlicht in NJW-RR 1996, S.820

17. Der Gartenzwerg hinterm Maschendrahtzaun

Die heile Welt der Nachbarschaftsstreitigkeiten

Viele Nachbarn verbindet nicht nur eine gemeinsame Grenze, sondern auch eine lebenslange Feindschaft miteinander. Mancher Grundstücksbesitzer würde seine Grenze am liebsten mit Selbstschussanlagen und Minenfeldern absichern. Was klingt wie die Schilderung psychotherapeutischer Fälle, ist in Wirklichkeit Alltag vor deutschen Gerichten.

Der Maschendrahtzaun

Regina Zindler und Gerd Trommer sind Nachbarn im sächsischen Auerbach und streiten seit 20 Jahren um einen Knallerbsenstrauch im Garten Trommers, der den Maschendrahtzaun der 52-jährigen Zindler umwuchert und rosten lässt – und eine Reparatur unmöglich macht. Frau Zindler verklagte ihren Nachbarn vor dem SAT1-TV-Gericht »Richterin Barbara Salesch – Echte Fälle, echte Urteile«. In diesem Schiedsgerichtsverfahren wurde im Oktober 1999 Zindlers Klage auf Umpflanzen bzw. Vernichten des Strauches abgewiesen.

Der absurde aber leider alltägliche Nachbarschaftsstreit und vor allem das in tiefstem sächsischen Dialekt gesagte »Moschndroahdzauun« von Zindler bot die Vorlage für einen Song des TV-Schandmauls Stefan Raab. Die Single wurde Nummer eins. Zindler verdient fünf Cent pro verkaufter Single. Bisher gingen rund 800.000 über die Ladentische. Die 40.000 Euro sind genug Geld für jede Menge neuen Maschendrahtzaun und ein paar Knallerbsenstrauchabwehrgeschütze.

Bernd Matthies, Streit unter Nachbarn,
Tagesspiegel vom 11.01.2000

Der Gartenzwerg als Symbol der Engstirnigkeit und Dummheit

Eine Frau verlangte mit der Klage die Entfernung von zwei Gartenzwergen aus einer Eigentumswohnungsanlage. Die Klägerin war der grundtiefen Überzeugung, die etwa 20 und 25 cm großen Gartenzwerge seien »Symbole der Engstirnigkeit und Dummheit«.

Nachdem beide Vorinstanzen die Klage abgeschmettert hatten, bejahte das Oberlandesgericht Hamburg einen Anspruch der Klägerin auf Entfernung der Gartenzwerge mit folgender Begründung:

»Während die einen in der Aufstellung von Gartenzwergen den Ausdruck von Beschränktheit und das Zeichen eines schlechten Geschmacks sehen, sind die anderen zu mildem Urteil und

humorvoller Duldung geneigt. Die umstrittene Aufstellung der Gartenzwerge erregt jedoch bei nicht wenigen Menschen den bezeichneten Anstoß. Die Gartenzwerge fallen trotz ihrer geringen Abmessungen durch ihre leuchtend rote Zipfelmütze im sie umgebenden Grün des Gartens auf. Es bestehen keine Zweifel, dass es sich bei der Aufstellung der Gartenzwerge um eine nicht nur ganz unerhebliche Beeinträchtigung des optischen Gesamteindrucks der Wohnanlage handelt, die sogar Einfluss auf den einen oder anderen Kaufinteressenten für eine Eigentumswohnung haben kann.«

Am Schluss kann man sich nur fragen, was beschränkter ist: Zwei Gartenzwerge aufzustellen oder deren Beseitigung einzuklagen?

Beschluss des Oberlandesgerichts Hamburg vom 20.04.1988, Aktenzeichen 2 W 7/87, veröffentlicht in NJW 1988, S.2052

Frust durch Frustzwerge

Kläger und Beklagter sind verfeindete Nachbarn. Der Beklagte stellte von ihm selbst hergestellte sog. Frustzwerge in seinem zum Hof des Klägers gelegenen Garten auf. Es handelte sich um ca. 30 bis 35 cm große gartenzwergartige Gebilde, die im Gegensatz zu den üblicherweise bieder und brav wirkenden allgemein bekannten Gartenzwergen untypische Posen und Gesten einnehmen. So zeigt einer der Zwerge dem Beobachter mit herausgestreckter Zunge den erhobenen Mittelfinger (sog. Fuck-you-Zeichen), ein anderer beugt sich mit heruntergelassenen Hosen nach vorne und zeigt sein entblößtes Hinterteil, ein weiterer hält sich die Nase zu und schließt dabei die Augen. Der Kläger begehrte die Beseitigung der Zwerge.

Das Amtsgericht gab der Klage statt. Die eindeutigen Posen und Gesten dieser Zwerge stellten sich als grobe Beleidigung des Klägers dar, was vom Beklagten auch so beabsichtigt war. Der Beklagte habe seine zweifellos vorhandene künstlerische Begabung dazu missbraucht, um seiner Absicht, den Kläger zu kränken und zu beleidigen, eine feste Form zu geben. Es mache keinen Unterschied, ob der Beklagte sich selbst vor das Haus des Klägers gestellt hätte, um diesem beispielsweise sein bloßes Hinterteil hinzustrecken, oder dem Kläger die Zunge herauszustrecken bei dem oben bereits erwähnten »Fuck-you-Zeichen«. Da dies dem Beklagten aus nahe liegenden Gründen nicht permanent möglich sei, habe er beschlossen, die tönernen Stellvertreter zu erschaffen und diese für ihn »handeln« zu lassen.

Die Prozesse, es gab neben dem Zivilrechtsstreit noch einen Strafprozess – beide jeweils über zwei Instanzen –, waren für den Beklagten die beste Werbung für seine Frustzwerge. Er betreibt heute einen Zwergenshop. Damit hat jetzt auch die künstlerisch weniger begabte Allgemeinheit die Möglichkeit, durch Bestellung von Original-Frustzwergen (unter *www.die-frustzwerge.de*) das Nachbarschaftsverhältnis dauerhaft zu ruinieren.

Amtsgericht Grünstadt, Urteil vom 11.02.1994,
Aktenzeichen 2a C 334/93, NJW 1995, S.889

Der exhibitionistische Gartenzwerg

Wohnungseigentümer W. hatte auf seinem Garagendach gut sichtbar einen 50 cm großen Gartenzwerg aufgestellt. Der Gartenzwerg trug einen Mantel, den er in exhibitionistischer Pose mit beiden Händen nach links und rechts öffnete. Im richterlichen Sachverhalt heißt es weiter, es seien »männliche Genitalien in nicht erigiertem Zustand« zu sehen.

Das Gericht verurteilte den humorvollen Zwergenliebhaber zur Entfernung des tönernen Blitzers. Nach der Teilungserklärung waren Änderungen an der Außenfront ohne Zustimmung der Wohnungseigentümer nicht gestattet. Der zeigefreudige Zwerg sei keine nur unwesentliche Änderung des Erscheinungsbildes der Hausfront. Zudem handele es sich

bei diesem Gartenzwerg um eine völlig neuartige Form eines Ziergegenstandes. Der Gartenzwerg durfte ohne Zustimmung aller Wohnungseigentümer nicht aufgestellt werden, welche nicht erfolgt war. Einer Entscheidung über die ästhetische Qualität exhibitionistischer Gartenzwerge bedurfte es danach nicht mehr. Eigentlich schade.

Beschluss des Amtsgericht Essen-Borbeck vom 30.12.1999, Aktenzeichen 19 III 35/99 WEG, veröffentlicht in MDR 2000, S.762

Yippie-Rufe beim Sex

Der Kläger bewohnte in dem Sechs-Familienhaus eine Wohnung im ersten Obergeschoss, die Beklagten die darunter liegende Erdgeschosswohnung.

Der Kläger beschwerte sich, von den Beklagten durch übermäßige Lärmverursachung in ihrer Wohnung zur Tages- und Nachtzeit gestört worden zu sein. Insbesondere hätten die Beklagten regelmäßig überlaute Musik gehört, sich lautstark gestritten und überlaute Geräusche beim Sexualverkehr von sich gegeben.

Das Amtsgericht hat den Beklagten bei Androhung von 250.000 Euro Ordnungsgeld untersagt, beim Sex übermäßige Lustgeräusche zu produzieren. Die Nachbarn bräuchten das laute Stöhnen und die Yippie-Rufe beim Sex nicht hinzunehmen.

»Der Kläger wird in seiner Besitzausübung beeinträchtigt, wenn zu jeder beliebigen Zeit die beim Sexualverkehr verursachten Geräusche in seine Wohnung dringen. Die Beklagten waren und sind verpflichtet, jegliche Geräuschentwicklung auf Zimmerlautstärke zu halten. Dies gilt auch für die Geräusche, welche die Beklagten bei Ausübung des Sexualverkehrs von sich geben. Die Beklagten sind als erwachsene Menschen auch bei der Ausübung ihres Sexualverkehrs in der Lage, ihr Handeln zumindest insoweit zu steuern, dass sie keinen Lärm verursachen, der so laut ist, dass er in die Nachbarwohnungen dringt.«

Urteil des Amtsgerichts Warendorf vom 19.08.1997, Aktenzeichen 5 C 414/97, veröffentlicht in DWW 1997, S.344

18. Selber klagen leicht gemacht

Eine kurze Anleitung zum Verklagen jedermanns

Hat jemand ihre Rechte verletzt? Haben Sie ein kleines Missgeschick erlitten und wollen ihren Schaden ersetzt bekommen? Oder wollen Sie einfach nur reich werden? In allen diesen Fällen können Sie Genugtuung und Reichtum vom Gericht bekommen. Sie brauchen einfach nur jemanden zu verklagen.

a) Unfälle können passieren

Zunächst brauchen Sie einen Unfall, der zu einem Schaden geführt hat. Keine Angst, Sie brauchen nicht abzuwarten, bis Ihnen zufällig ein Unglück widerfährt. Unfälle können mit der richtigen Planung praktisch jederzeit geschehen.

Der Ausrutscher im Supermarkt

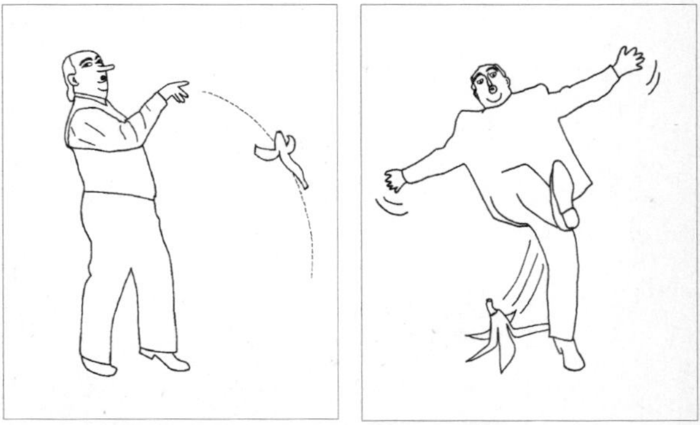

Lassen Sie eine Bananenschale fallen, treten Sie drauf
und rufen Sie nach ihrem schweren Sturz einen guten Anwat an.

Verschütteter Kaffee

1. Schritt:

Drehen Sie das Handgelenk um 90 Grad, um auf die Uhr zu schauen.

2. Schritt:

Brüllen Sie wie am Spieß, wenn sich der heiße Kaffee in ihren Schoß ergießt.

Und egal, was Ihnen passiert, die Schuld hat immer jemand anderes. Selbstverantwortung ist für Sie in den Zeiten des Wohlfahrts- und Rechtsmittelstaates ein absolutes Fremdwort.

Essen und Trinken bei McDonald's ist jedenfalls für zukünftige Gerichtskunden extrem gefährlich und bietet zahlreiche Gelegenheiten, durch Klagen reich zu werden. Versuchen Sie es doch einmal mit einem Gebisssschaden durch harte Sesamkörner oder gebrochenen Füßen durch herabfallende Pappschachteln.

b) Produkthaftung für Anfänger

In der Hand eines potenziellen Klägers kann praktisch jeder Haushaltsgegenstand zum Werkzeug der Selbstverletzung werden. Dazu müssen Sie nur einen bestimmungswidrigen Gebrauch des Produkts machen, der Sie verletzt oder tötet. Im letzteren Fall würden Ihre Erben von dem Rechtsstreit allerdings mehr profitieren als Sie selbst. Der Trick, die Schuld von sich selbst auf den Hersteller abzuwälzen, besteht darin, das Fehlen entsprechender Warnhinweise zu beklagen. Wenn Sie ein Produkt ohne vielfältige Warnhinweise in den Händen halten, sind Sie einer erfolgreichen Klage schon ganz nahe. Schauen Sie sich einfach einmal eines der folgenden

Produkte an und Sie werden entsetzt feststellen, dass die zwingend notwendigen Warnhinweise fehlen:

- Dampfbügeleisen: »Kleidung nicht bügeln, während sie am Körper getragen wird.«
- Zusammenklappbarer Kinderwagen: »Vor dem Zusammenklappen Kind herausnehmen.«
- Schlaftabletten: »Kann zu Schläfrigkeit und bei Überdosierung zum Tod führen.«
- Akkubohrer: »Nicht zur Zahnbehandlung benutzen!«
- Anti-Eis-Scheibenabdeckung: »Vorsicht: Niemals mit der Abdeckung auf der Windschutzscheibe fahren.«

c) Der lukrative Schaden

Wenn Ihr Ziel eine möglichst hohe Klagesumme ist, sollten Sie Personen- den Sachschäden vorziehen. Bei den Personenschäden sind seelische einträglicher als körperliche Schäden. Dies einfach deshalb, weil sich hier doch ein wenig leichter schummeln lässt. Ein emotionales Trauma ist schnell behauptet und von der Gegenseite nur schwer zu widerlegen. Vielleicht sind Sie durch den Unfall sogar homosexuell, nymphoman oder schlimmeres geworden. Das lässt sich kaum nachprüfen. Behaupten Sie dagegen plump, durch den Unfall ihre Beine verloren zu haben, müssten Sie für den Prozesssieg entweder über größere Zauberkünste verfügen, mit denen Sie ihre Beine eine Zeitlang unsichtbar machen können, oder zu der mittelalterlichen Methode der Selbstamputation greifen.

d) Wer hat die tiefsten Taschen?

Das schönste Urteil nützt Ihnen gar nichts, wenn der Beklagte die Klagesumme nicht zahlen kann. Weil Sie auf Millionen aus sind, sollte der Beklagte reich sein. Dies erklärt auch, warum internationale Großkonzerne so gerne verklagt werden.

Bei denen können Sie sicher sein, dass die Millionen da nur so rumliegen und darauf warten, vor Gericht eingeklagt zu werden. Solange die verklagte Firma millionenschwer ist, macht es nichts, dass sie nur am Rande mit dem Schadensereignis zu tun hat.

e) Klageschrift

Bevor das Geld für Sie vom Himmel regnet, müssen Sie eine Klage bei Gericht einreichen. Bedienen Sie sich dazu des nachfolgenden Formulars für eine Millionenklage. Durch eine Klagebegründung zum Ankreuzen sparen Sie viel Zeit, die Sie für die Planung weiterer Missgeschicke nutzen können. Das Formular ist praxiserprobt und enthält wirklich alle für einen Prozesssieg notwendigen Angaben.

Amtsgericht Bitterfeld
- nach der Sanierung -

An den
Bundesgerichtshof
- Senat für Milionenklagen-
Herrenstraße 45a
76133 Karlsruhe

Klage

des/der ______________________________ [Ihr Name]
– Kläger(in) –

gegen ______________________________
– Beklagte(r) –

wegen Schadensersatz und Schmerzensgeld

Ich erhebe Klage mit den Anträgen:

1. Der/Die Beklagte wird verurteilt, an die klagende Partei
   ❏ 5 Mio. EUR [bei alltäglichen Missgeschicken]
   ❏ 25 Mio. EUR [bei ernsthaften Verletzungen]
   ❏ 100 Mio. EUR [bei Todesfällen]
   nebst 25 % Zinsen seit dem Schadenstag zu zahlen.

2. Der/Die Beklagte erstickt an den Kosten des Rechtsstreits.

3. Das Urteil wird sofort und ohne Gnade vollstreckt.

Begründung:

Die beklagte Partei hat der klagenden Partei vorsätzlich und schuldhaft durch
❏ den Vorfall/Unfall vom ___ . ___ . _____

❏ das fehlerhafte Produkt ____________________

❏ Körperschäden
❏ Sachschäden
❏ seelische Grausamkeit

zugefügt.

Beweis: 1. Zeugnis N.N. (Namen werden von der Zeugenvermietung Meineid & Bauer nachgereicht)
2. Parteivernehmung bzw. -verrat des Klägers
3. Gekaufter Sachverständiger

Der geltend gemachte Klaganspruch ist aus §§ 823 ff. BGB begründet.

Der klagenden Partei ist durch das unverantwortliche Verhalten der beklagten Partei Schaden mindestens in der geltend gemachten Höhe entstanden.

Schon jetzt wird bestritten, ob und was der/die Beklagte noch vorbringen wird. Die Klage ist damit vollumfänglich begründet. Es wird ausdrücklich um einen richterlichen Hinweis gebeten, falls wider Erwarten noch nicht ausreichend vorgetragen sein sollte.

Aufgrund der klaren Sach- und Rechtslage und damit der Zaster endlich rollt, wird um Anberaumung eines Verhandlungstermins spätestens bis zum Monatsende gebeten.

____

[Ihre Unterschrift]

Literaturverzeichnis

Laura B. Benko und Attila Benko, Buy this Book… or We´ll Sue You! Outrageous Lawsuits, Outlandish Settlements, Citadel Press, New York 2001

Leland H. Gregory III, Presumed Ignorant! Over 400 Cases of Legal Looniness, Daffy Defendants, and Bloopers from the Bench, Dell Publishing, New York 1998

K.R. Hobbie, World's Wackiest Lawsuits, Sterling Publishing, New York 1992

Joe Kohut, So Sue Me! Over 300 of the Most Bizarre, Absurd & Trivial Lawsuits Ever! Blacktooth Press, Philadelphia 1993

Quincy Oliver, DisOrder in the Court, Funny, Frivolous, and Outrageous Lawsuits, Quincy Oliver Publishing Group, Minnetonka 2002

James L. Percelay, Whiplash! America's Most Frivolous Lawsuits, Andrews McMeel Publishing, Kansas City 2000

Kuriose und bizarre Gesetze rund ums Thema Sex

Falk van Helsing
Schachspielen beim Sex strengstens verboten
Die verrücktesten Gesetze
zum Thema Nr. 1
96 Seiten • broschiert
€ 7,95 (D) • sFr 14,90
ISBN 3-8218-3612-1

Sind Sie sexuell aktiv und ledig? Genießen Sie einen Kuss auch in aller Öffentlichkeit? Haben Sie Kondome bei sich zu Hause? Lesen Sie etwa gar Zeitschriften wie Cosmopolitan? Dann stehen Sie in vielen Ländern der Welt schon mit einem Bein im Gefängnis – wenn es nicht noch viel schlimmer kommt.